Kerstin Weise

Lebenswellen

Eine spirituelle Reise zu mir selbst

VERRAI-VERLAG
STUTTGART

Impressum

Bibliografische Information der
Deutschen Nationalbibliothek:
Die Deutsche Nationalbibliothek verzeichnet diese
Publikation in der Deutschen Nationalbibliografie;
detaillierte bibliografische Daten sind im Internet über http://
dnb.d-nb.de abrufbar.

Email: redaktion@verrai-verlag.de

1. Auflage Juni 2023

https://verrai-verlag.de

Umschlaggestaltung:
atelier ehrle

Coverfoto:
Tina Mareike Kuschel / www.tina-mareike.de

Printed in Germany
ISBN 978-3-948342-86-9

Inhalt

Vorwort

von Sabrina Gosselck-White

Als ich Kerstin kennen gelernt habe, stand ihr Trauer ins Gesicht geschrieben.

Sie hatte geliebte Menschen verloren, viel erlebt und mitgemacht.

Sie wollte Antworten und hatte den Mut, den Vorhang langsam zu lüften, diese für unsere Augen nicht sichtbare Welt zu erkunden.

Nach innen zu gehen ist die mutigste Reise, welche wir hier auf dieser Erde antreten können.

Kerstin hat sich getraut und nun steht hier eine starke Frau, die ihre Sensibilität als Potential erkannt hat.

Eine, die wundervoll lachen kann, Dankbarkeit lebt, aber auch weiß, was sie tun darf, wenn es im Leben mal nicht so lustig ist.

Was für ein Geschenk, wenn so jemand von seiner Reise erzählt!

Möge dieses wunderbare Buch viele Menschen erreichen und inspirieren.

Sabrina Gosselck-White
Medium und Coach

Prolog

Das Leben ist wie der Ozean, ein großes, weites Meer, endlos, tief und grenzenlos.

Mal trägt es uns und wir schaukeln sanft auf den Wellen dahin.

Mal aber ist es stürmisch und wir werden von den Wogen umhergeschleudert. Sie türmen sich bedrohlich auf und wir werden fast von ihnen verschlungen.

Wie in Wellen verlaufen die Ereignisse, fluten heran, ebben ab, überrollen uns, heben uns empor oder schleudern uns in die Tiefen.

Im ewigen Auf und Ab des Lebens gibt es keinen Stillstand, so sehr wir Menschen uns diesen manchmal auch wünschen. So gerne wollen wir uns an einen Augenblick, an einem Menschen festhalten und doch wird er uns wieder entrissen.

Das Leben konfrontiert uns mit Schicksalsschlägen, die in ihrer Sinnlosigkeit anscheinend alles in Frage stellen, was wir über uns und das Leben zu wissen glauben. Warum, fragen wir uns dann. Wo ist der Sinn? Wieso passiert mir das? Weshalb muss ich das aushalten? Wozu ist das alles gut?

Im Laufe meines Lebens habe ich mir diese Fragen oft gestellt und an vielen Orten und auf sehr unterschiedlichen Wegen nach Antworten gesucht. Wie kann es sein, dass ein einziges Leben voll ist von so schweren Schicksalsschlägen, von so harten, rauen Lebensstürmen gezeichnet wird, während ein anderes in sehr viel sanfteren Lebenswellen verläuft? Dahinter muss es doch einen Sinn geben, ein Muster, eine Bestimmung, eine Ursache.

Die Religionen dieser Welt haben auf Fragen dieser Art sehr unterschiedliche Antworten gefunden. Für die Buddhisten und Hindus ist es Karma, für die Christen ist es Gottes Wille und für die Muslime ist es Kismet, das Schicksal.

Ich bin aufgebrochen, meine eigenen Antworten zu finden und von der Suche nach diesen Antworten – und von dem Finden – soll dieses Buch berichten, denn ich habe diese Antworten nicht nur für mich, sondern für vermutlich viele Menschen gefunden.

Das zumindest ist die Absicht und der Grund, weshalb ich dieses Buch schreibe.

Abschied und Tod sind Themen, die jedes Leben auf die eine oder andere Weise irgendwann berühren. Mein Leben haben sie auf eine besondere, intensive Art geprägt. Vielleicht macht mich das besonders, aber eigentlich denke ich, dass diese Erfahrungen eine Art menschliche Universalie darstellen.

In früheren Zeiten gehörte der Tod ganz selbstverständlich zu unserem Alltagsleben dazu. Noch bis vor wenigen Jahrzehnten war die Kindersterblichkeit so hoch, dass jede Frau mindestens ein Kind verlor, die meisten sogar mehrere. Heute haben wir das dank der modernen Medizin nur vergessen beziehungsweise verdrängen wir das gerne.

Wir werden immer älter, viele Krankheiten, die noch vor einer Generation den sicheren Tod bedeutet haben, sind heute auf dem Rückzug.

Über den Tod, das Abschiednehmen, die Endlichkeit unseres diesseitigen Seins und den Kreislauf des Lebens wollen wir möglichst wenig wissen. Wir freuen uns zwar über jede Geburt, über jedes Neugeborene, doch von Krankheit und Tod sprechen wir nur, wenn es gar nicht anders geht.

Früher lebte man Trauer ganz bewusst, gestaltete Abschiedsrituale, fand man Worte. Heute hingegen ist da eine große Sprachlosigkeit, die auch dazu führt, dass wir das Leben nicht mehr bewusst wahrnehmen. Wie soll ich wirklich leben, wenn ich nicht weiß, dass ich sterblich bin?

Vom Leben im Tod erzählt uns auch Jesus Christus. Er starb, damit wir wahrhaft leben können. So ist jeder Tod eben auch eine Erzählung von der Liebe.

Und so ist dieses Buch eben auch kein Buch über den Tod oder Verlust, über das Abschiednehmen oder die Trauer, sondern über die größte Kraft in unseren Herzen, ja, im ganzen Universum: nämlich die Liebe. Die Liebe ist es, die stärker ist als der Tod und als die Zeit, die alles überwindet und die uns über viele Leben hinweg miteinander verbindet. Sie ist es, die die Antwort bildet auf alle Fragen, welche wir dem Leben stellen und die das Leben uns stellt.

Ich bin heute 58 und das Leben hat mir viele Herausforderungen beschert. Nicht nur wir stellen dem Leben Fragen, das Leben fragt auch uns. Immer wieder und wieder hat es mich gefragt: Wer bist du, wenn die Lebenswellen dich stürmisch hin und her schleudern?

Von vielen lieben und geliebten Menschen musste ich Abschied nehmen und immer wieder fragte ich mich: Wo ist der Sinn? Warum geschieht das?

Ich litt unter Verlust und Trennung, ich durchlebte körperliche und seelische Qualen und ich weiß, da draußen sind viele Menschen, die jetzt, in diesem Augenblick, genauso leiden wie ich und sich nach dem Sinn fragen.

Für sie schreibe ich dieses Buch.

Jede Krise, jeder Abschied ist eine Einladung. Die Einladung, die darin steckt, ist, hinter das Sichtbare zu blicken und auf die Suche nach dem eigenen Lebenssinn zu gehen. Warum bin ich hier? Welche Aufgabe hat sich meine Seele gesucht? Warum sind wir alle hier? Und wie sind wir miteinander verbunden?

Ich möchte Mut machen, diese Schicksalsschläge anzunehmen, nach dem Sinn zu forschen, auch dort, wo wir den Bereich dessen verlassen müssen, was wir mit Verstand und Ratio erfassen und begreifen können. Es gibt eine verborgene Kraft, die in unserem Leben wirkt und die sich oftmals in den Personen offenbart, welche in unser Leben treten.

Wir alle sind miteinander verbunden, auf eine geheimnisvolle, fast magische Weise. Alles steht miteinander in Austausch. Nichts von dem, was wir erleben, ist ohne Sinn, im Gegenteil: Jede Erfahrung hat ihren Zweck, ihre Bedeutung, wir müssen sie nur erkennen.

Jeder von uns trägt die Liebe Gottes in sich, so wie Jesus es in der Bibel sagt. Die Aufgabe ist es, das zu erkennen und das ist alles andere als leicht. Wie oft drohen die dunklen Wogen der Verzweiflung, des Streits, der Missgunst oder auch nur der alltäglichen

Sorgen uns einfach zu verschlingen? Nimmt die tosende Gischt des Lebensozeans uns die Sicht und wir verlieren jede Orientierung? Es ist alles andere als leicht, sich auf dem offenen Meer zurechtzufinden. Unsere Seele gleicht einer Nussschale, mit der wir auf den Wellen reiten, und wir sind deren Kapitän. Nur müssen wir uns erst als solcher begreifen, andernfalls fühlen wir uns den Lebenswellen hilflos ausgeliefert.

In unserer Gegenwart leben wir eine große Trennung. Für uns ist nur wahr, was das Auge sieht und die Wissenschaft beweisen kann. Was das Herz sehen kann, in bester Anlehnung an Antoine de Saint-Exupéry und seinen kleinen Prinzen, das ist uns häufig wenig wert; noch weniger wert ist, was unsere Seele weiß.

Wie oft kommen wir an einen Ort oder begegnen einem Menschen und wissen: »Diese Person kenne ich«, oder »Hier war ich schon einmal«, obwohl das gar nicht sein kann? Und dann schieben wir diesen Gedanken beiseite, erklären uns selbst zu Spinnern – und ahnen doch im Innersten, dass viel mehr dahintersteckt.

Genau um dieses »mehr« geht es in diesem Buch. Ich bin ihm nämlich nachgegangen, diesem Faden, der tiefer und tiefer hineinführt in das Labyrinth unserer Seele und unseres Seins, jenen Teil von uns, der unsterblich ist und jenseits von Zeit und Raum existiert, der alles weiß und der keinen Abschiedsschmerz und keinen Tod kennt, der mit allem verbunden ist, nicht nur den Menschen, sondern auch jenen Wesen, die der spirituellen Welt angehören.

Mit diesem Buch möchte ich meine Geschichte erzählen, damit sie anderen Trost spendet, wenn auch ihre Lebenswellen gerade stürmisch und rau sind, damit sie den Mut finden, sich auf die Suche nach ihrem ganz persönlichen Sinn zu machen. Jeder von uns ist einzigartig und hier, um eine Aufgabe zu erfüllen und so sind es auch unsere einzigartigen Geschichten, und doch ähneln sich unsere Erfahrungen genug, dass es uns hilft, uns gegenseitig davon zu erzählen.

Kerstin Weise, im Frühjahr 2023.

I. Herzsteine

Alles begann mit den Herzsteinen. Es sind herzförmige Steine, die aber in ihrer Form nicht perfekt sind, sondern eher eckig und kantig. Ich fand sie plötzlich überall.

Den ersten fand ich knapp ein Jahr nach dem Tod meiner Mutter, 2010, bei einem Spaziergang im Park. Er lag einfach da, in der wundervollen perfekten Form eines Herzens, jedenfalls für mich.

»Nimm mich mit!«, rief er mir zu.

So etwas hatte ich noch nie erlebt.

Ich bin eigentlich ein sehr bodenständiger, realistischer Mensch. Als gelernte Wirtschaftsassistentin und mittlerweile schon längere Zeit als Empfangskraft tätig, beschäftige ich mich den ganzen Tag von Berufs wegen her mit sehr nüchternen Dingen, u. a. Kundentelefonaten und allgemeinen Büroarbeiten, nicht mit solchen, die man eher intuitiv spürt und darauf reagiert. Und trotzdem war da plötzlich dieser starke Impuls.

Ich zögerte. Ich ging noch eine Runde spazieren und als ich wieder an diese Stelle zurückkehrte, war da wieder dieses: »Nimm mich mit!«

Diesmal zögerte ich nicht mehr. Ich ging in die Hocke, streckte meine Hand aus und nahm den Stein in die Hand. Sofort durchströmte mich ein warmes und vertrautes Gefühl und ich dachte sofort an meine Mutter. Unbewusst schloss ich die Augen und ließ dieses Gefühl auf mich wirken. Wo kam es her?

Ich steckte den Stein in meine Tasche und nahm ihn mit nach Hause. Er war der erste von seither sehr vielen Herzsteinen, die ich überall finde, beim Spazierengehen, am Meer, im Wald oder auch einfach so auf der Straße.

Für mich sind sie ein Symbol dafür, dass alles um uns von Liebe durchdrungen ist. Durch ein unsichtbares Netz aus Liebe sind wir mit den Menschen verbunden, die uns am Herzen liegen. Kein Wunder, dass man an einem gebrochenen Herzen sogar sterben kann.

Werden wir von den Menschen getrennt, die uns sehr wichtig sind, oder verletzt uns etwas emotional, dann tut uns das Herz weh.

Im Frühjahr 2008 wurde meine Mutter krank, sie hatte lange Zeit Probleme mit dem Darm und starke Schmerzen.

Das Verhältnis zwischen mir und meiner Mutter war immer schwierig. Es war zwiespältig, ich habe nie wirklich die Wärme einer Mutter gespürt. Es ist schwer, das in Worte zu fassen.

Sie war herzlich und sie hat mich geliebt, das weiß ich, dennoch war da immer etwas zwischen uns. Habe immer das Gefühl gehabt, nicht gut genug zu sein.

Ich komme aus einer streng evangelisch, sehr konservativen Familie. Jeden Sonntag gingen wir in die Kirche, meine Mutter reinigte nachmittags die Kirchenräume.

Erst nach ihrem Tod erfuhr ich, dass meine Mutter vor mir bereits eine Fehlgeburt hatte. Es wäre ein Junge geworden. Dieses Wissen beschäftigte mich noch viele Jahre später und ich fragte mich, ob ich überhaupt auf dieser Welt sein sollte.

Meine Mutter war geprägt von Angst, angefangen schon aus der Kindheit, bis hin zu der Schwangerschaft mit mir; mit meinem Vater war das Verhältnis auch zu dieser Zeit nicht ohne Probleme.

Sie war das älteste von insgesamt 5 Kindern (wobei einer ihrer Brüder relativ jung verstarb) und sie wurde angehalten, für die Familie und ihre Geschwister zu sorgen. So durfte sie auch nicht ihren beruflichen Weg gehen und musste sich einen Job suchen, um dazuzuverdienen.

Es war Kriegszeit (meine Mutter ist 1939 geboren) und sie lebten in Pommern, oft erzählte meine Oma mir von den teilweise grausamen Begegnungen mit den Russen, die Frauen vergewaltigten und peinigten. Sie waren auf der Flucht und es muss die Hölle gewesen sein.

So entwickelte sich meine Mutter zu einer Persönlichkeit, die immer zuerst auf alle anderen schaut und sich kümmert, bevor sie an sich dachte.

Sie war zurückhaltend und ließ sich viel von anderen gefallen. Auch ich spürte das in den Jahren.

Es war schwierig mit ihr, denn andererseits war sie auch sehr einnehmend mir gegenüber und gab mir irgendwie immer das Gefühl, dass ich das und das machen müsste und wenn ich nicht so reagierte, wie sie es erwartet hat, war sie beleidigt und ließ mich das auch spüren.

Gut erinnern kann ich mich beispielsweise an einen Urlaub auf Helgoland, als ich bereits erwachsen war. Wir waren mit meinem Mann Michael und meiner Mutter dort und wir wollten abends noch zu zweit den Sonnenuntergang genießen und sagten ihr das. Sie zog wieder, wie so oft, eine »Schnute« und gab mir zu verstehen, dass ihr das nicht gefiel, und ich fühlte mich schuldig.

Man kann festhalten, dass meine Mutter nie gelernt hat, offen für ihre Wünsche und Bedürfnisse einzutreten, sondern sich immer andern zuliebe zurückgehalten hat. Das prägte ihr ganzes Leben. Dennoch fand sie eben Mittel und Wege, um andere, allen voran mich, zu manipulieren. Sie erwartete von mir, dass ich mich genauso verhielt wie sie, Rücksicht nahm, mich zurücknahm, obwohl sich dadurch eine Menge Gefühle aufstauten.

Heute wünsche ich im Rückblick, ich hätte damals schon so viel über meine Mutter gewusst oder verstanden wie heute und wir hätten anders miteinander sprechen und vieles aufarbeiten können. Doch leider wissen wir nie, wie viel Zeit uns mit einem anderen Menschen wirklich bleibt, bevor wir Abschied nehmen müssen, und können die Dinge nur so nehmen, wie sie eben kommen.

Im Jahr 2008 veränderte sich jedenfalls alles, und zwar sehr plötzlich. Für meine Mutter war es in vielfacher Hinsicht ein Wendepunkt.

Nach einer Darmspiegelung wurde ihr mitgeteilt, dass sie sehr viele Divertikel im Darm hatte, die entzündet seien. Sie musste sich einer Operation unterziehen, und es wurde ein Teil vom Darm entnommen.

Nur einen Tag nach dieser OP klagte sie wieder über sehr starke Schmerzen im Unterbauch und sie wurde nochmals notoperiert.

Sie hatte eine Bauchfellentzündung (ein Divertikel wurde nicht entfernt und ist im Bauchraum geplatzt) und sie wäre bei dieser OP fast gestorben. Sie war zwischendurch wohl tatsächlich ohne Herzschlag. Erst später wurde mir klar, dass meine Mutter während dieser Not-OP eine Nahtod-Erfahrung gehabt haben muss, denn das zeigte sich später in ihrem veränderten Verhalten.

Der operierende Arzt sagte zu ihr nach der OP: »Um Sie haben wir aber ganz schön kämpfen müssen.«

Die Ärzte holten sie zurück und es folgten einige sehr kritische Tage auf der Intensivstation.

Ich verbrachte diese Tage in großer Sorge. Die Vorstellung, dass meine Mutter das alles vielleicht nicht überleben würde, erfüllte mich mit entsetzlicher Angst. Auch wenn wir unsere Schwierigkeiten hatten, hing ich sehr an meiner Mutter und wollte sie auf keinen Fall verlieren. Es gab doch noch so vieles, über das wir nie gesprochen hatten!

Von Tag zu Tag wurde es schlimmer. Wir mussten Schutzkleidung tragen und Masken. Damals war das ja noch nicht so normal wie heute, nach Corona. Ich konnte kaum noch schlafen und war ganz starr vor Angst. Jeden Tag fuhr ich vom Krankenhaus nach Hause und fürchtete mich davor, dass das Telefon klingelte und man mir sagte, dass es meiner Mutter schlechter ging.

Sie hatte nun auch noch, damit sich ihr Darm erholen konnte, einen künstlichen Darmausgang erhalten. Das hat sie mürbe gemacht und sie war in dieser Zeit und auch nachdem dieser Ausgang Anfang 2009 wieder zurückgesetzt worden ist, irgendwie nicht mehr die »Alte«.

Auf der einen Seite war da eine neue Friedlichkeit. Diese stummen Vorwürfe, die ich zuvor beschrieben habe, all das wurde weniger. Meine Mutter war nie geizig, doch jetzt schien ihr Geld nichts mehr zu bedeuten. Sie machte uns große Geschenke.

Auf der anderen Seite schien sie zu spüren, dass ihr Leben zu Ende ging und das machte sie traurig.

Das habe ich sehr stark wahrgenommen. Sie war in sich gekehrt, wurde depressiv, hat sich über nichts mehr freuen können. Es war schrecklich, sie so zu sehen.

Im März 2009 wurde meine Mutter 70 Jahre und wir mussten sie regelrecht überreden, doch ihren Geburtstag im größeren Kreis zu feiern. Das hat sie schließlich getan und sie hatte sich auch wieder ein wenig psychisch erholt und Pläne für Urlaube und andere Aktivitäten geplant. Das schenkte auch mir wieder Hoffnung. Dass der Darmausgang zurückverlegt wurde, gab meiner Mutter ebenso neue Lebensqualität. Es schien aufwärtszugehen.

Meine Mutter und ich telefonierten fast täglich und an einem Samstag im Juni fragte sie mich, ob ich Lust hätte, am Sonntag mit auf ein Straßenfest zu gehen. Ich sagte ab, da ich was mit meinem Mann geplant hatte.

Am darauffolgenden Montag im Juni 2009 verbrachte ich mit meiner Tochter Bianca einen Tag zusammen in der Stadt mit Shoppen und Essen gehen. Es war so ein harmonischer, friedlicher Tag.

Als ich abends nach Hause kam, rief mich meine Tante an und wollte von mir wissen, ob ich was von meiner Mutter gehört hätte. Ich verneinte und fragte sie nach dem Grund.

Sie meinte, sie wären zum Yoga verabredet gewesen und meine Mutter hätte sich, was nicht üblich war, auf keine Nachrichten/ keine Anrufe gemeldet.

Das mache ihr doch Sorgen. Dies gab mir auch zu denken und so rief ich meine Tochter an und schilderte ihr die Situation. Da wir einen Schlüssel für die Wohnung meiner Mutter hatten, fuhr sie mit ihrem Freund zu ihr – sie wohnte näher dran als ich - und rief mich dann an, um mir mitzuteilen, dass meine Mutter tot ist. Sie ist wohl direkt beim Frühstück vom Stuhl gefallen und lag friedlich auf dem Teppich. Sie sah aus, als ob sie schliefe. Die Kaffeetasse und das angebissene Brot lagen noch auf dem Tisch.

Eigentlich ein schöner Tod, immerhin hatte sie nicht gelitten oder lange in einem Krankenhaus oder einem Hospiz gelegen. Davor hatte sie, wie jeder von uns, immer Angst gehabt.

Ich rief meine Tante an: Sie kam mit dem Taxi zu mir nach Hause und wir fuhren gemeinsam zur Wohnung meiner Mutter. Dort wurden wir von der Polizei in Empfang genommen und vernommen.

Es war ein sehr friedlicher Tod und dennoch ein krasser, unerwarteter Verlust, der mich völlig aus der Bahn warf. Aber es war etwas anders!

Beim Anblick des toten Körpers meiner Mutter spürte ich einen Frieden in mir und ich spürte zum wiederholten Mal, dass dort nur noch die Hülle meiner Mutter liegt und die Seele bereits aus dem Körper gegangen war.

Ich konnte sie nicht mehr spüren. Die Seele meiner Mutter war bereits in einer anderen Welt, das war mir klar. Zum ersten Mal stellte ich mir die Frage, wohin sie gegangen war. Konnte sie noch mit mir Kontakt aufnehmen? Hörte sie mich, wenn ich mit ihr sprach? Würden wir uns wiedersehen? Zu diesem Zeitpunkt war ich gerade Mitte 40, also noch kein Alter, in dem man sich Gedanken über den eigenen Tod macht, doch ich war damals schon mehrfach vom Tod berührt worden.

Zwei Kinder hatte ich verloren, beide vollkommen unerwartet. Der Tod war irgendwie immer in meinem Leben gewesen, allgegenwärtig, ein lauernder Schatten, mit dem ich zu leben gelernt hatte. Nun also war meine Mutter gegangen.

Mit dem Tod meiner Mutter setzte bei mir eine große innere Veränderung ein. Ich begann, mich für spirituelle Fragen zu interessieren und immer mehr zu diesem Thema zu lesen. Der Verlust meiner Mutter riss mich aus dem Alltag und auch wenn uns das zunächst einmal ängstigt, uns mit schmerzhaften Gefühlen wie Trauer und Verlust konfrontiert, so steckt darin auch eine Chance. Wir alle sind Gewohnheitstiere und Gewohnheiten sind gut, sie geben uns Sicherheit, aber sie können auch erstickend sein, wir können in ihnen feststecken. In einer Krise ist all das auf einmal nicht mehr wichtig und wir fangen an, uns und die Welt neu zu entdecken. Die alten Antworten taugen nichts mehr, also begeben wir uns auf die Suche nach neuen und genauso ging es mir auch.

Auf einmal las ich spirituelle Bücher über die Botschaften der Verstorbenen und die Weisheit des Universums. Und ich fand immer wieder solche Steine mit der gleichen Form, die sich mir in den Weg legten.

Eine Form von Herz, die aber nicht die perfekte Form eines Herzens haben, sondern eher, für mich, wie ein Herz mit Ecken und Kanten, welche die vielen Verletzungen und Narben symbolisieren. Es sind immer wieder diese Momente der Verbundenheit, die ich in diesen Augenblicken empfinde.

Ich habe mich seither oft gefragt, was uns da lenkt und ruft. Schließlich geschieht das ja nicht bewusst. Es ist, als gäbe es da eine Art höheres Bewusstsein, das jenseits von Zeit und Raum existiert und das über all unsere Schritte, über unseren Lebensplan, Bescheid weiß und uns entlang unseres Weges kleinere und größere Symbole und Botschaften platziert.

Es liegt an uns, ob wir bereit sind, sie zu sehen und richtig zu deuten. Es braucht sozusagen eine innere Bereitschaft und Offenheit, um das, was aus dieser Quelle zu uns strömt, auch zu empfangen. Manche Menschen nennen diese Quelle Gott, andere höheres Bewusstsein, wieder andere sprechen von Geistwesen, der spirituellen Welt oder den Ahnen. Ich will mir nicht anmaßen, zu bestimmen, was die richtige Bezeichnung dafür ist. Eine Nachbarin, mit der ich mich lange unterhielt, nannte es einmal das geistige Feld. Worüber ich mir allerdings ziemlich sicher bin, ist, dass sie alle von der gleichen Art Erfahrung, von der gleichen Quelle sprechen.

Es handelt sich um etwas, das nicht zu unserer materiellen Welt gehört, nicht zu dem, was offensichtlich in unserem Alltag vorhanden ist. Das bedeutet nicht, dass wir es nicht mit unseren Sinnen erfahren können, schließlich kann ich die Herzsteine auch mit meinen Händen und Fingerspitzen berühren. Vielmehr geht es um die Bedeutung, die sie haben, ihre Symbolkraft, eine Art geheime, verschlüsselte Sprache, die wir erst verstehen, wenn wir uns dieser Quelle geöffnet haben.

Wir können nur das erleben, was wir auch bereit sind, wahrzunehmen und nichts verändert unsere Wahrnehmung so sehr wie eine Krise. Der Tod meiner Mutter war so eine Krise und er hatte einen nachhaltigen Einfluss auf mein Leben. Es gab auf einmal Fragen, die ich nicht länger verdrängen konnte, ich brauchte Antworten, um Heilung zu finden. Wieso konfrontierte mich das Leben immer wieder mit so einem überwältigenden Schmerz? Wieso musste ich immer wieder von geliebten Menschen Abschied nehmen? Welchen Sinn hat die Liebe, wenn sie immer wieder in solchen Kummer mündet? [1]

Das machte mich beinahe wahnsinnig, ich litt zu dieser Zeit große Angst, dass meinem Mann Michael etwas zustoßen könnte.

Zu dieser Zeit arbeitete ich bereits eine Weile als Maklerin. Die Termine mit Eigentümern und Eigentümerinnen waren für mich Routine, auch wenn man im Vorfeld nie genau wusste, auf wen man da traf.

So begab es sich, dass ich auf eine Eigentümerin traf, die sehr spirituell unterwegs war und damit offen umging. Sie sprach von Engeln und Geistern und zeigte mir auch ihre Schamanentrommel.

Zu jenem Zeitpunkt hatte ich mit diesem Themenkreis noch kaum Berührungspunkte und fand das alles zwar sehr interessant, aber auch ein wenig seltsam. Trotzdem war da eine Art Neugier in mir. Ich wollte mehr über sie erfahren. Einem inneren Impuls folgend zeigte ich ihr den Herzstein, den ich immer bei mir trug, eine Art Talisman.

»Oh, aber ja!«, rief sie begeistert. »Das ist ein Zeichen, dass Sie Ihr Herz öffnen sollen.«

Ich war verwirrt. »Mein Herz öffnen? Was soll das denn bedeuten?«, fragte ich.

---

[1] Grau unterlegte Textpassagen dienen als allgemeine Erläuterungen.

Plötzlich fiel sie in eine Art Trance. Sie schloss ihre Augen und ihre Lider flatterten.

»Tini«, sagte sie in einer veränderten Stimme, die mich auf unheimliche Weise an meine Mutter erinnerte. Tini war noch dazu der Spitzname, den meine Mutter für mich verwendete. »Es ist alles in Ordnung. Mir geht es gut. Ich bin so stolz auf dich, was du aus deinem Leben gemacht hast. Es tut mir so unendlich leid, dass ich dir in meinem physischen Leben nicht geben konnte, was du dir gewünscht hast. Bitte geh deinen Weg weiter. Ich bin immer bei dir. Ich habe dich lieb.«

Ich war wie vor den Kopf geschlagen. Ich saß da, stockstarr und konnte nicht fassen, was da gerade geschehen war. Warme Schauer liefen durch meinen Körper, ich war vollkommen überwältigt.

Die Frau öffnete wieder die Augen und sprach in ihrer normalen Stimme weiter.

»Was ist da gerade passiert?«, stieß ich hervor.

»Oh«, sagte sie. »Das geschieht immer mal wieder. Da hatte wohl jemand aus der geistigen Welt eine Botschaft für Sie. Wer war das?«

Sie blickte mich aufmerksam an, auch wenn sie das Ereignis nicht sonderlich zu schockieren schien.

»Meine Mutter nannte mich immer Tini, als ich noch klein war«, sagte ich, noch immer emotional tief berührt.

»Na, dann war das wohl Ihre Mutter. Sagen Sie, ist Ihre Mutter kürzlich verstorben? Ich hatte das Gefühl, dass sie noch ganz nah ist, eine erdgebundene Seele, hier, um Sie zu begleiten und zu beschützen.«

»Erdgebundene Seele?«, fragte ich. Dieses Wort hatte ich noch nie zuvor gehört.

»Ja, so nennen wir die Seelen Verstorbener, die noch nicht in das Licht gegangen sind. Meistens passiert das, weil sie hier auf Erden noch unerledigte Dinge haben.«

»Unerledigte Dinge?« Ich war total verwirrt.

»Ja, etwa, weil sie ihre Hinterbliebenen beschützen und begleiten möchten. Sie ist jetzt eine Art Schutzengel für Sie. Sie brauchen sich davor nicht zu fürchten. Solche Sachen kommen viel häufiger vor, als man denkt. In früheren Zeiten war uns das bewusst, nur heute möchten die Menschen davon nichts mehr wissen. Sie hängen an ihren Handys oder schauen sich Horrorfilme an, aber dass die meisten Geister freundlich sind und uns nichts tun, na, damit beschäftigen sie sich nicht. Der Tod gehört zum Leben und unsere toten Verwandten sind oft noch bei uns, um auf uns aufzupassen.«

Sie lächelte freundlich, während ich die Augen aufriss. Die Vorstellung, von lauter toten Verwandten umgeben zu sein, fand ich damals nicht sehr angenehm, auch wenn mir das, was meine Mutter mir über diese Frau hatte ausrichten lassen, sehr wohlwollend und friedlich erschien.

Anscheinend war der Tod ja kein endgültiges Ende, sondern nur … eine Art Übergang? Ein Tor zu einer anderen Welt, zu der es aber eine Verbindung zu unserer gab?

Irgendwie spendete mir das Trost. Wenn meine Mutter noch immer ganz in meiner Nähe war, dann konnte ich ja weiter mit ihr sprechen. Und was bedeutete das in Bezug auf die anderen, kleinen Seelen, von denen ich mich viel zu früh hatte verabschieden müssen?

Nun, darüber wollte ich zum damaligen Zustand noch nicht nachdenken, es war einfach zu schmerzhaft.

Die Botschaft meiner Mutter aber oder jener höheren Macht sollte sich bald bewahrheiten. Es war an der Zeit, mein Herz zu öffnen. Durch zu viele schmerzhafte, ja, nahezu vernichtende Erfahrungen hatte ich es im Laufe der Jahre verschlossen, hatte Mauern um es herum errichtet, um mich vor zukünftigem Schmerz zu schützen, doch wir Menschen brauchen unser Herz.

Unser Herz steht im Zentrum unseres Seins. Es pumpt nicht nur das Blut durch unseren Körper, es ist auch ein Wahrnehmungsorgan und der spirituelle und emotionale Kanal für die Liebe, die wir bekommen und geben, ob für uns selbst, für andere Wesen oder für das Leben an sich.

Liebe ist die Nahrung unserer Seele und ohne sie verkümmert unsere Seele, jener unsterbliche, ewige Teil unseres Seins, der sich in unzähligen Inkarnationen entschieden hat, Erfahrungen zu machen, um sich zu entwickeln.

Liebe ist die größte Kraft im Universum. Sie kann Zeit und Raum überwinden, sie verbindet uns über viele Leben hinweg mit unseren Seelenverwandten und unseren Schutzengeln. Sie weist uns den Weg in unserem Seelenplan, sie ist das Licht in der Dunkelheit.

Sie ist der Grund, weshalb wir hier sind, sie ist der Ursprung allen Lebens und sie hält den Kosmos zusammen. Die Erfahrung der Liebe ganz gleich, ob wir sie empfinden oder ob wir sie schenken – verändert alles.

Liebe kann sehr, sehr schmerzhaft sein. Das weiß jeder, der wahrhaft geliebt und den geliebten Menschen verloren hat. Es spielt keine Rolle, ob das unser Lebenspartner oder unsere Kinder sind.

Wir sagen immer, die Zeit heile alle Wunden, doch das stimmt nicht. So wie die Liebe jenseits der Zeit existiert, so überdauert auch der Verlust einer geliebten Person die Zeit. Der einzige Trost, den wir empfinden können, ist, dass keine Trennung von Dauer ist.

Wir begegnen jedem, mit dem wir in Liebe verbunden sind, in einem der nächsten Leben, in der nächsten Daseinsstufe, im Himmel oder wo auch immer wir hingehen, wieder. Jede Trennung ist nur vorübergehend. Sie kann angesichts der Macht der Liebe keinen Bestand haben.

Die Herzsteine, die ich seither überall finde und sammle, sind für mich ein Symbol der Allgegenwärtigkeit der Liebe. Alles um uns, wir selbst, der gesamte Kosmos, das Universum, sind von Liebe durchdrungen. Wir selbst sind aus Liebe gemacht.

Manchmal entscheiden wir uns, uns der Liebe zu verschließen, weil wir die Erfahrung gemacht haben, dass die Liebe weh tut.

Doch so wie eine Trennung nie von Dauer ist, so kann auch diese Entscheidung nicht von Dauer sein.

Das Leben rief mich, mich wieder der Liebe zu öffnen. Das war eine der vielen Fragen, die es an mich stellte.

»Bist du bereit, dich wieder der Liebe zu öffnen?«

Ich war nicht bereit, aber ich sammelte diese Herzsteine, ich lauschte dieser Botschaft und sie brachte mich zu dieser Frau, die mir zeigte, dass es eben mehr gibt zwischen Himmel und Erde, als der Verstand zu erklären vermag.

Aber wir Menschen sind eben nicht nur Wesen des Verstandes. Wir sind spirituelle Geschöpfe, und als solche streben wir auch nach entsprechenden Erfahrungen.

Auch wenn mein Verstand dem medialen Erlebnis mit jener Frau kritisch gegenüberstand, so wussten mein Herz und meine Seele doch, dass es echt war. Auf einmal hatte ich eine Art Hinweis gefunden, einen Wegweiser, der mich auf eine Reise führte, hin zu mir selbst, mitten in das Labyrinth meiner Seele. Ich hatte keine Ahnung, wo das Ende dieses Weges lag oder worauf ich mich einließ, ich wusste nur, dass ich diesem Weg folgen musste, weil er meine Bestimmung war, weil meine Seele danach hungerte, weil es mir ein tiefes, inneres Bedürfnis war.

Anders konnte ich es nicht erklären. Es gab keine rationale Erklärung dafür. Vermutlich gibt es viele Menschen, die sich nach einem Verlust/Schicksalsschlag auf die Suche nach dem Sinn machen, aber das war es nicht alleine.

Diese Suche, diese Reise ging viel tiefer. Sie führte mich an die Wurzel allen Seins, an das, was uns im Innersten zusammenhält und sie ist noch lange nicht zu Ende. Vermutlich wird sie andauern, bis diese meine Lebensreise zu Ende ist und darüber hinaus und dennoch ist sie das Wichtigste und Bedeutsamste, was ich je getan habe oder was es für mich als Mensch zu tun gibt.

Seit jener Begegnung mit der Eigentümerin weiß ich: Ich bin auf dieser Reise nicht allein.

II. Seelenreise

Jene Begegnung mit der jenseitigen Welt stieß eine Entwicklung an, die bis heute andauert.

Wenn die Steine mir sagten, dass ich mein Herz öffnen sollte, dann bedeutete das auch, dass sie von mir verlangten, an einem Schmerz zu rühren, den ich schon lange mit mir herumtrug.

Zwei Kinder hatte ich im Babyalter verloren. Wie soll ein Mensch eine so schreckliche Erfahrung gleich zweimal ertragen?

Die spirituelle Sicht auf die Welt sagt, dass alles, was wir erleben, einen Sinn hat. Es sind Seelenerfahrungen, die nicht zufällig sind, sondern alle einem höheren Zweck folgen. Alles, was wir erleben, fügt sich in diesen Bedeutungszusammenhang ein.

Diesem Schmerz zu begegnen, dazu war ich nach dem Tod meiner Mutter noch lange nicht bereit. Doch ich war gewillt, mich ein wenig mehr zu öffnen, in mich hineinzufühlen, mich anderen, älteren Wunden zu widmen, die aus meiner Kindheit stammten.

Der Tod meiner Mutter war eine Art Abschied von meiner Kindheit, das wurde mir erst im Nachhinein klar. Wir bewegen uns manchmal in Kreisen, in Etappen, wie auf einer Spirale. Wir gehen im Kreis und steigen doch nach oben.

Die Herzsteine waren das sichtbare Symbol dafür, dass ich vor dem nächsten Schritt meiner seelischen Entwicklung stand, meiner ganz persönlichen Seelenreise, die ich gerade erst als solche zu erkennen begann.

Diese Erfahrung hatte mir gezeigt, dass es da mehr zu entdecken gibt, als mir bislang klar gewesen war. Das Finden der Herzsteine zeigte es mir immer wieder. Da rief mich etwas, lud mich ein, es zu entdecken, und ich folgte diesem Ruf.

Es war eine innere Sehnsucht, die da wach wurde, eine Tür, die sich in mein Inneres geöffnet hatte und ich ging hindurch und brach zu dem größten Abenteuer meines Lebens auf.

Der nächste Schritt war eine Tagesschulung bei einem bekannten Coach, im Bereich der Selbstfindung, Medizin und Esoterik. Ich hatte ein Buch von ihm gelesen und es hat mich sehr beeindruckt. In dem Buch geht es viel um die Prägungen, die wir während der Kindheit erfahren, und wie diese uns in unserem späteren Leben lenken und bestimmen. Dort waren mein Mann und ich auf einem eintägigen Seminar und für mich war das so eine Art Schlüsselerlebnis. Dort kam ich zum ersten Mal wieder in Kontakt mit der kleinen Kerstin, die in mir drin lebte und sich in verschiedenen Situationen immer wieder bemerkbar machte.

Sie wollte gesehen und geliebt werden und jetzt endlich war ich bereit dazu.

Ich spürte, dass es in mir Wunden gab, die ich schon lange mit mir herumtrug und die gesehen und geheilt werden wollten, ohne sie bewusst wahrzunehmen.

Wir machten eine Meditation, die uns in ein früheres Leben zurückführte. Das war eine überwältigende Erfahrung.

Ich war eine kleine Indianertochter. Ich weiß noch, dass ich einen großen Wigwam gesehen habe, einen Häuptling, so wie man ihn aus Filmen kennt. Während der Meditation spielte eine Begleitmusik mit indianisch angehauchten Trommelklängen und diese Trommelklänge trugen mich regelrecht davon. Es klingt banal, aber es war unglaublich. Das war eine mir so bekannte, vertraute Trommelmusik. Ich war in dieser Hypnose oder Meditation, wie man es nennen will, und dachte immer wieder: »Gebt mir eine Trommel!«

Ich hätte garantiert indianische Gesänge trommeln können. Vor meinem inneren Auge tauchte ein Tiger auf, mit dem ich kuschelte und dann kam auf einmal gedanklich ein Name für den Tiger: Shangri-La. Es handelt sich dabei eigentlich um einen fiktiven Ort in Tibet, der 1933 in dem Film Lost Horizon auftaucht. Er wird als Synonym für das Paradies oder idealen Rückzugsort aus dem Weltgeschehen verwendet. Zuvor hatte ich nie von diesem Ort gehört und nun war es der Name für den Tiger.

Ich stand auf einem Hügel und blickte in das Indianerdorf hinab. Ich spürte, dass dies mein Lieblingsplatz war, auch meinen Namen erfuhr ich, Shantanu. Ich fühlte mich in dieser Kultur, in diesem Leben vollkommen zu Hause. Im Rückblick weiß ich nicht, ob es sich um ein vergangenes Leben von mir handelte oder um eine andere Art der Seelenreise, ich spürte jedenfalls, dass es da eine ganz enge Verbindung gab zwischen mir und diesem Indianermädchen.

Shantanu und Shangri-La sollten sich mir in den kommenden Sitzungen und Seelenreisen immer wieder zeigen, als Sinnbild für meine Seele mit all ihren kindlichen Verletzungen und als beschützendes Krafttier, das mir zum Beispiel half, meine stark ausgeprägte Angst vor Krankheiten zu überwinden.

Was mich besonders beeindruckte, war die Tiefe der Meditation und wie real sich alles anfühlte. Ich war wirklich dort! Ich konnte es fühlen, sehen, riechen, hören. Das war eine beeindruckende Erfahrung und für mich so eine Art »Eye-Opener«. Offenbar gab es da in mir noch so viel mehr zu entdecken, eine ganze Seelenlandschaft mit so vielen Orten, die bereist und entdeckt werden wollten und die mir alle etwas über mich erzählten.

Die Wahrheit ist – und das ist uns allen kaum bewusst –, dass wir alle sehr wenig über uns selbst wissen. Wir kennen die Rollen, die wir in unserem Alltag spielen – Hausfrau, Angestellter, Ehemann, Partnerin, Mutter, Kind etc., doch wer wir wirklich sind, sozusagen die Essenz unserer Seele, das bleibt uns verborgen und so blicken wir voller Staunen in den Spiegel, den uns solche Seelenreisen für einen kurzen Moment vor Augen halten.

Was mich besonders erstaunte, war, dass Zeit keine Rolle spielte. In mir drin gab es noch immer die kleine Kerstin, so als seien seither nicht fast 5 Jahrzehnte vergangen, und gleichzeitig auch andere Seelenteile aus allen meinen anderen Lebensphasen.

Im Schamanismus spricht man von Seelenanteilen. Erleben wir etwas Traumatisches oder Verletzendes, etwa einen Schock oder einen Verlust, dann spaltet sich ein Teil unserer Seele ab und es ist Aufgabe des Schamanen, diesen Seelenanteil zurückzuholen und mit der Seele zu vereinen. Es kommt immer wieder vor, dass wir Teile unserer Seele verlieren. Ich hatte den Eindruck, durch die Sitzungen und Meditationen Teile meines Selbst wiederzufinden, die lange verschüttet gewesen waren. So befand ich mich auf meinem persönlichen Weg zur Ganzheit.

Es folgten alle möglichen Meditations-Seminare. Das ergab sich durch Zufall, ich suchte gar nicht bewusst danach, aber es gab in mir ein inneres Bedürfnis, mich weiter mit diesen inneren Themen zu beschäftigen.

Warum ich bei den Coaches war? Ich wollte meine Schwachstellen erkennen, mehr über mich erfahren. Ich wollte wissen, warum reagiere ich z. B. in Situationen so ungehalten und nicht ruhig, warum bin ich persönlich betroffen, wenn ich das Gefühl habe, mich mögen manche Menschen nicht. Wollte mich verbessern, herausfinden, warum finde ich zum Beispiel nicht die große finanzielle Fülle? Warum falle ich immer wieder in eine Depri-Phase. Warum habe ich das Gefühl, mir fehlt was, ich bin noch nicht komplett? Ich bin noch nicht wirklich angekommen!

Das Gefühl habe ich nach wie vor. Dass ich denke, da wartet noch was auf mich. Und ich immer wieder den inneren Impuls bekomme: Ich möchte einfach weg! Ich möchte was ganz Neues machen. Ich erhielt immer wieder, von allem, was ich machte, Veränderungsimpulse. Aus heutiger Sicht würde ich sagen, dass es nicht Veränderungsimpulse, sondern eher Wegweiser waren, die mir zeigten, wohin mich meine Reise führte. Es war eine Reise, die nach innen führte, in mein Inneres und zu meiner Seele und die geleitet wurde von der Frage: Wer bin ich eigentlich in diesem Leben? Und warum bin ich hier? Ich stieß auf die Erkenntnis, dass jeder von uns so etwas wie einen Seelenplan hat, der sich in mehr als einem Leben verwirklicht. Niemand von uns ist aus Zufall hier, jedes Leben folgt einer Bestimmung. In dieser Erkenntnis stecken Trost und Heilung, aber auch eine gewisse Dringlichkeit, denn wenn uns das klar wird, erkennen wir auch: Was, wenn uns nicht mehr genug Zeit bleibt, unsere Bestimmung zu erfüllen? Ich hatte es auf einmal sehr eilig, alles über meine Seele und mein Inneres zu erfahren!

Was sich dann tatsächlich bei einer Meditation herausstellte, war, dass mir eine Stimme sagte, ich sei nicht gewollt gewesen. Ich sei unter Gewalt entstanden. Dass mein Vater, meine Mutter, in irgendeiner Form gewaltsam genommen hat. Das passt dann wieder zu Äußerungen von mir, die ich mit einer Erkenntnis in einem Coaching verband: »Ich will nicht raus!«

Die ganzen Ängste und Bedenken, die meine Mutter während der Schwangerschaft hatte, hatte sie auf mich übertragen. Zu erwähnen wäre noch, dass meine Mutter vor mir eine Fehlgeburt gehabt hatte (es wäre ein Junge geworden).

Als Embryo bekommen wir bereits alle Emotionen und Gedanken unserer Mütter mit und werden von ihnen geprägt.

Weitere Themen aus meiner Familie tauchten auf, von denen ich zwar vorher Kenntnis gehabt hatte, denen ich aber im Vorfeld nie so eine große Bedeutung gegeben hatte.

Das war ein starker Impuls, die ich in Verbindung mit meiner Familie bekam. Da war das Wissen, dass ich gar nicht auf diese Welt hatte kommen wollen, weil ich irgendwie nicht gewollt gewesen war.

Der Moment unserer Zeugung hat einen nachhaltigen Einfluss auf uns. Mit welcher Energie werden wir in diese Welt geholt? Entstehen wir durch Liebe, Gleichgültigkeit, einen Vollrausch oder gar Gewalt?

In meinem Fall war irgendwie Gewalt im Spiel und das hatte Einfluss darauf, wie sich mein weiteres Leben gestaltete, ohne dass ich mir dessen bewusst gewesen war. Erst durch die Meditationen und Rückführungen holte ich das wieder an die Oberfläche.

Nach Bert Hellinger, einem der prägenden Köpfe im Zusammenhang mit systemischer Familientherapie und dem Familienstellen, sind alle Mitglieder einer Familie durch emotionale Bande miteinander verbunden. Wir existieren in einem Netzwerk aus Beziehungen und beeinflussen uns gegenseitig, auch wenn uns das nicht immer bewusst ist.

Es gibt eine natürliche Ordnung, in der sich die Mitglieder einer Familie anordnen und wenn diese Ordnung durch ein Ereignis wie Tod, Verlust, Krankheit oder Missbrauch gestört wird, dann wirkt sich das auf alle weiteren Familienmitglieder aus.

Laut Hellinger sind das »unbewusste Verstrickungen«, die sich als körperliche Symptome, aber auch als psychische Probleme äußern können.

Für mich war das die Erkenntnis, dass ich mich wieder mehr mit meiner Kindheit beschäftigen musste. Ich war Ende 40, meine Kindheit lag 40 Jahre zurück und natürlich hatte ich meine Erinnerungen, doch bewusst mit ihnen auseinandergesetzt hatte ich mich schon lange nicht mehr.

Tatsächlich hatte ich sogar oft den Eindruck, wenn ich über meine Kindheit sprach, dass ich mich an das Meiste ohnehin nicht mehr erinnern konnte.

Ich denke, dass viele Menschen in diesem Alter jenen Effekt kennen. Unsere Kindheit, alles, was uns geprägt hat, erscheint uns weit weg. Wir stecken so in unserem Alltag drin, dass wir vergessen haben, wo wir herkommen. Wie wurden wir, wer wir sind? Was macht uns aus? Was hat uns geprägt, im Guten wie im Schlechten?
Es ist Teil unseres Menschseins, dass wir uns nicht aussuchen können, was uns prägt. Unsere Eltern, unser Zuhause, wo wir aufwachsen und was mit uns geschieht, dem stehen wir hilflos und oftmals ohnmächtig gegenüber.
Mit diesen Dingen ist es wie mit einem Baum. Ein Baum wächst dem Licht entgegen, immer höher und höher. Auch wir Menschen streben in der Entwicklung unserer Seele über viele Leben immer mehr dem Licht und dem Guten entgegen. Wir sind hier, um Erfahrungen zu machen und uns letztlich dem Guten zuzuwenden. Doch dann geschehen Dinge, die uns in dieser Entwicklung stören und wir müssen einen Weg finden, um sie herum zu wachsen. Das ist so, als würde man einen schweren Stein auf den Baum legen.

Der Baum wächst langsamer. Er muss seine ganze Kraft aufwenden, um weiter zu wachsen. Er wächst in die Breite. Dort, wo der Stein wächst, können keine Äste wachsen. Und dennoch hört er nicht auf, dem Licht entgegenzustreben.

***

In meiner Kindheit lief zunächst alles nach Plan.

Ich wurde kirchlich erzogen. Sonntags gingen wir in die Kirche und ich durfte am Kindergottesdienst teilnehmen.

»Sei brav, denn der liebe Gott sieht alles«, das war das Dogma in meiner Familie. Nur nicht auffallen, denn was sollen die Leute denken?

Ich war ein sehr braves, angepasstes und schüchternes Kind. Ich gehorchte, fügte mich ein, tat, was man von mir erwartete. Ich nahm mir in dieser Welt, in die man mich gezwungen hatte, nur wenig Raum.

Als ich älter wurde, war ich längst nicht so rebellisch wie meine Mitschüler. Ich trug keine Jeans, sondern nur Stoffhosen, hochgeschlossene Blusen und T-Shirts. Ich rauchte nicht oder ging aus, ich schlief auch nicht bei meinen Freundinnen, denn das war nicht erlaubt von Seiten meiner Eltern.

Meine Eltern waren, wie schon erwähnt, sehr streng und konservativ.

Mit 17 durfte ich das erste Mal in die Disko und musste schon um 22 Uhr nach Hause, obwohl meine Freundinnen bis 23 Uhr bleiben durften. Auch erst mit 17 übernachtete ich das erste Mal bei einer Freundin. Das empfand ich als sehr ungerecht und war frustriert.

Für mich gab es kaum Möglichkeiten, mich selbst und das, was ich wirklich wollte, zu entdecken. Gehorchen, anpassen, das bestimmte mein Leben und es kam mir nicht in den Sinn, das in Frage zu stellen.

Ich war schon fast erwachsen, als sich in mir so etwas wie ein rebellischer Geist regte.

Mit 18 war ich in einer Clique, in der auch mein späterer erster Mann Torsten war, den ich bereits aus der Schule kannte. Wir trafen uns in einem Garten, unweit von zu Hause. Als ich zum vereinbarten Zeitpunkt nicht zu Hause war, schickte meine Mutter meinen Stiefvater los, um mir hinterherzuspionieren.

Das war eine peinliche Situation. Er stand am Gartenzaun und guckte, was wir treiben. Ich tat so, als ob ich ihn nicht sehe.

Heute denke ich, dass seitens meiner Mutter viel von ihrer eigenen Kindheit eine Rolle spielte. Sie durfte auch nicht allzu viel, wurde stets gegängelt und streng erzogen.

Meine Mutter war bis zu ihrem Tod eine attraktive, schlanke Frau mit dunkelbraunem Haar und kaum grauen Haaren. Ich erinnere mich an ihre Lockenwickler und die Trockenhaube.

Sie kleidete sich immer eher sportlich, lackierte sich nicht die Nägel. Mondäne Sachen waren nicht ihr Ding.

Sie war sparsam. Sie kaufte nicht in Boutiquen ein.

Durch einen eingeklemmten Nerv litt sie unter Ohnmachtsanfällen und musste bis zu ihrem Tod Medikamente nehmen. Meine Mutter stammte aus einer eher einfachen Familie und hatte nur eine kaufmännische Ausbildung, obwohl sie gerne auf das Gymnasium gegangen wäre und studiert hätte.

Ihre Angst: Sie wollte nie anecken, nicht auffallen, was könnten die Leute denken? Sie stand nicht zu ihrer Meinung, äußerte sie auch nicht, zumindest von außen betrachtet. Ihre Innensicht war eine ganz andere, sie verstand sich als selbstständige Frau. Es finden sich Parallelen zu meinem Leben: nicht gut genug zu sein, ausgegrenzt zu werden, nicht taff genug zu sein, das waren alles Themen, die auch mich mein Leben lang begleiteten. Sie ließ sich von meinem leiblichen Vater und später von meinem Stiefvater sehr viel gefallen.

Ich erinnere mich an eine Situation, da deckte sie den Tisch ein, nachdem mein Stiefvater mehrere Gänge gekocht hatte, und er mäkelte herum, weil sie seiner Meinung nach »nicht korrekt« eingedeckt hatte.

»Du bist nicht mal in der Lage, Besteck richtig hinzulegen, nämlich von außen nach innen«, sagte er.

Sie schluckte nur und versuchte, es besser zu machen.

Wenn er aber kochte, dann mussten wir alle unablässig betonen, wie toll sein Essen schmeckte.

»Hat das nicht toll geschmeckt? Wollt ihr den Koch nicht loben?«

Mir ging das auf die Nerven.

Viele konkrete Erinnerungen an meine Kindheit fehlen mir. Ich weiß, dass ich nach der Trennung meiner Eltern meinen Vater sehr vermisste und ich kann ihn auch heute in meinen Erinnerungen kaum finden. Er war ein ständig abwesender Vater. Auch in den Meditationen, die ich machte, tauchte er nicht auf, so als hätte ihn jemand aus meinem Leben herausradiert, eine Lücke, eine leere Stelle, an der er hätte sein müssen. Auch später, wenn in meinem Leben wirklich Furchtbares geschah, war er für mich nicht zu erreichen. Er ist die große Leerstelle in meinem Leben.

Dann gibt es da noch einen Traum, an den ich mich erinnere. Meine Eltern stehen im Flur und streiten sich. Ich stehe in der Tür meines Kinderzimmers und erlebe alles hautnah mit, bin starr vor Schreck. Mein Vater will gehen und meine Mutter versucht, ihn aufzuhalten.

»Bitte, bleib hier!«, ruft sie, doch er macht sich los und geht.

Ist das nur ein Traum oder habe ich diese Situation wirklich erlebt? Ich weiß es nicht mehr, doch diese Szene kommt mir sehr real vor.

In den ersten zwei Jahren meines Lebens lebten wir in einer kleinen 2-Zimmer-Wohnung, die zu einem Haus mit Garten gehörte, in dem auch meine Großeltern lebten.

Wir zogen später in eine 3-Zimmer-Wohnung, in der meine Mutter auch nach der Trennung von meinem Vater bis zu ihrem Tod wohnen blieb.

Die Familie meiner Mutter stammt ursprünglich aus Pommern, von dort wurde sie vertrieben. Meine Großmutter, meine Urgroßmutter und ihre Kinder waren auf der Flucht vor den Russen.

Meine Großeltern hatten dort einen ansehnlichen Hof mit zahlreichen Nebengebäuden. Kurz vor ihrem Tod war meine Oma noch einmal dort, doch alles war überwuchert, das erzählte mir zumindest mein Onkel. Meine Mutter ist noch dort geboren.

Meine Vorfahren (Uroma, Oma, meine Mutter und zwei weitere Kinder) flohen zu Fuß über Wiesen und Felder nach Westen. Es wurde geschossen, es kam zu Übergriffen, doch sie konnten sich auf ein Schiff retten. Sie landeten schließlich auf Sylt.

Mein Opa kam in französische Kriegsgefangenschaft. Als er von dort zurückkehrte, geriet er dann in den Raum Hannover und machte seine Frau und Kinder mit Hilfe vom Roten Kreuz auf Sylt ausfindig und es kam zu einer Familienzusammenführung. So kam es, dass sich unsere Familie im Raum Hannover ansiedelte. Zuerst lebte sie in einem ehemaligen Brauereigebäude, bis ihr eine eigene Baracke mit 2 Zimmern, einem Wohnzimmer, einer Kochstelle und einem Abstellplatz auf einem Schützenplatz zugeteilt wurde. Dort wurden zwei weitere Kinder geboren, doch eines dieser Kinder starb wenige Monate nach der Geburt.

In diesen Flüchtlingsbaracken galt damals Selbstversorgung. Man baute Gemüse an und hielt sich Hühner. Heute ist das nicht mehr so im öffentlichen Bewusstsein, aber für die Flüchtlinge aus Schlesien, Ostpreußen und Pommern war das Kriegsende besonders schlimm. Sie litten unter den vorrückenden Russen, vor denen man sie im Frühjahr 1945 kaum gewarnt hatte, und mussten alles zurücklassen. Viele Frauen wurden, wie meine Großmutter, von den russischen Soldaten vergewaltigt. Die Gräuel, die in jenen Monaten im Februar, März und April stattfanden, lassen sich kaum in Worte fassen und wurden nur unzureichend aufgearbeitet.

In Deutschland angekommen, galten die Flüchtlinge als Schmarotzer, als arme Leute. Sie lebten in Baracken und hatten kaum das Nötigste. Man blickte auf sie herab.

Doch meine Großeltern gaben nicht auf. Sie zogen schließlich in ein schönes Haus. Meine Oma war später sehr aktiv in der Kirchenarbeit und verteilte die Gemeindebriefe. Ich habe viele schöne Erinnerungen an sie, an Spaziergänge und Besuche im Tiergarten. Sie erklärte mir die Vogelarten und sie konnte sehr gut kochen, etwa Leber mit Zwiebelringen.

Wenn ich krank war, durfte ich bei ihr auf dem Sofa liegen und wurde liebevoll umsorgt. Sie war oft bei uns zu Hause und machte mir Frühstück. Sie wusste, dass ich das Gelbe im Ei nicht mochte, und pulte es mit dem Löffel heraus. Trotz all des Schlimmen, was meine Oma erlebt hatte, war sie eine gütige Frau, auch wenn sie meine Mutter streng und konservativ erzogen hat. Auch das war typisch für die Menschen aus den verlorenen Gebieten im Osten. Man lebte dort eher konservativ.

Sie sagte immer: »Bedenke das und das, und dann mach, was du für richtig hältst. Was du tust, du wirst es schaffen!«

Sie war eine klassische Oma: lange Haare streng nach hinten gekämmt, grau, Dutt, klein, rundlich, aber nicht dick. Gütige Augen, liebevolle Natur, so habe ich sie wahrgenommen. Sie war gut und lieb.

An die Beziehung meiner Eltern habe ich zwiegespaltene Erinnerungen.

Meine Mutter war sehr – wie soll man das heute beschrieben – bemüht, meinem Vater alles Recht zu machen. Vielleicht in gewisser Weise unterwürfig. Im Nachhinein, aus heutiger Sicht, wahrscheinlich froh, dass sie einen so »tollen« Mann gefunden hat. Mein Vater war ein sehr gut aussehender, toller Typ. Er kam aus einer zerrütteten Familie, über die ich kaum etwas weiß, nur, dass er noch drei Brüder hatte und sie im Ruhrgebiet lebten.

Meine Mutter war zu gut und zu nett für meinen Vater. Er hätte eine taffe, selbstbestimmte Frau gebraucht, die ihm sagte, wo es langgeht.

Er wurde in unserer Familie von meiner Oma an Kindes statt angenommen. Er hatte bei uns in der Familie den Status eines weiteren Sohnes.

Er konnte gut Leuten »Honig um den Bart schmieren«, Komplimente machen, einkaufen für Oma, aber immer mit Hintergedanken. Er konnte auf Menschen eingehen, ihnen nach dem Mund reden, manipulieren, damit sie ihm Vertrauen schenken, um dann vielleicht Geld leihen zu können oder andere Dinge, die er benötigte.

Er ging verschwenderisch mit Geld um, hatte häufig Spielschulden und noch mehr Frauengeschichten. Er betrog meine Mutter häufig, was wohl auch der Grund für die Trennung war, als ich etwa vier oder fünf war, weil er eine andere hatte und auch das Konto meiner Mutter leergeräumt hatte. Sie sagte: »Jetzt ist Feierabend! Jetzt ist Schluss!«

Ich erinnere mich daran, dass meine Mutter meinen Vater aus der Kneipe holte, wo eine gute Freundin meiner Mutter auf seinem Schoß saß. Das hat meine Mutter sehr getroffen und sie begann, immer misstrauischer zu werden.

Für seine Spielschulden zeigte meine Mutter zunächst noch Verständnis und wollte ihm helfen. Sie hatte noch nicht realisiert, dass er spielte und das Geld rausschmiss.

Ich fühlte mich traurig und enttäuscht zugleich, als mein Vater weg war. Ich war wütend und da war auch ein Gefühl der Schuld. Lag es an mir, dass er uns verlassen hatte? Kinder denken so etwas schnell, wenn die Eltern sich trennen.

Das Verhältnis zu meinem Vater hat sich erst die letzten Jahre durch eine Familienaufstellung geklärt. In einer Familienaufstellung spürt man den »unbewussten Verstrickungen«, die ich bereits erwähnte, nach und holt sie in das Bewusstsein, so dass man sie lösen und heilen kann. Erst da begann ich vieles über meine Familie und vor allem über meine Beziehung zu meinem Vater zu verstehen.

Es war so, dass ich immer versucht habe – immer –, von diesem Mann eine gewisse Liebe zu bekommen. Nicht nur Liebe. Ich wollte Anerkennung, wollte gesagt bekommen, dass ich sein Liebling bin, dass er mich liebhat. Es war ein Betteln um Liebe.

Ihm gegenüber war ich immer brav, verhielt mich stets so, dass er mich mochte, zog mir schöne Sachen an und machte mir die Haare, wollte hübsch für ihn sein. Ich freute mich stets unbändig auf die Wochenenden, an denen er mich nach der Trennung von meiner Mutter abholte. Wir fuhren zu ihm.

Wenn wir telefonierten, dann fragte ich immer nur, wie es ihm ging, von mir erzählte ich kaum etwas. Er wiederum interessiere sich so gut wie gar nicht für mich.

Bei unseren Treffen machte ich mich klein, forderte nie etwas oder machte ihm Vorwürfe.

Doch mein Vater reagierte nie so, wie ich es mir gewünscht hatte. Im Gegenteil, er machte mir Vorwürfe.

Kurz nach der Trennung heiratete er die Frau, mit der er meine Mutter zuvor betrogen hatte. Ich sage immer »neue Frau«, weil sie mir total unsympathisch war. Anfangs durfte ich meinen Vater immer noch besuchen. Da durfte er mich abholen. Diese Tage waren Freudentage für mich, weil ich dachte: Jetzt bist du bei Papa!

Ja, dann waren das aber eigentlich Tage, die nichtssagend waren. In meiner Erinnerung waren wir immer nur bei ihm zu Hause. Zu seiner neuen Frau konnte ich keine Verbindung aufnehmen, fühlte mich fremd.

Ich erinnere mich an den ersten Besuch bei ihm, in seinem neuen Zuhause. Alles war dort so anders.

Die Frau verhielt sich kühl und wirkte fremd auf mich. Dem Gefühl nach habe ich gestört, war nicht erwünscht. Sie hat mir das Gefühl gegeben, dass ich ihre Konkurrentin bin. Es gab keine Umarmung, keine Wärme.

Sie war ein Blondchen. Model-Typ. Anders als meine Mutter, aufgebrezelt, lackierte, lange Fingernägel, markantes Gesicht mit auffallend schmalen Lippen. Heute noch wirken solche Lippen schnippisch auf mich.

Mein Vater hat mit dieser Frau später noch ein gemeinsames Kind (ein Mädchen) bekommen, das ich noch als Baby kurz erlebt habe. Im Nachhinein habe ich diese Halbschwester eigentlich nie wirklich kennengelernt. Wir hatten nie Kontakt, bis heute.

Meine Mutter hatte auch einen neuen Partner, der sich als neuer »Vater« für mich zeigte.

Aber es gab Differenzen zwischen meiner Mutter und meinem leiblichen Vater. Meine Mutter meinte, ich sei verändert, wenn ich von meinem Vater kommen würde.

»Du bist ganz anders, was macht der mit dir?«, fragte sie mich und ich verstand nicht, was sie von mir wollte.

Ich dachte: Ja, was ist mit mir jetzt los? Warum bin ich schuld?

Es war ein emotionales Auf und Ab für mich. Ich wollte zwar damals lieber bei meinem Papa sein, aber natürlich auch bei meiner Mutter. Meine Mutter nahm das ganz anders wahr. Von meiner Mutter war eine gewisse Eifersucht da – vielleicht auch von meinem Vater –, so eine Kampfstellung: Ja, du mit deiner neuen Frau! Ja, du mit deinem neuen Kerl! Vielleicht fürchtete sie, dass er mich zu sehr vereinnahmte und von ihr entfremdete.

Meine Mutter hatte wohl ein Gespür dafür, wie sehr ich mich emotional hin- und hergerissen fühlte. Allerdings hatte sie auch Angst, dass sie mich verlieren könnte, dass ich mich für meinen Vater und seine Frau entscheiden würde. Ich wollte immer beim Papa sein, obwohl er sich oft nicht richtig verhielt. Doch ich hatte den Eindruck, dass er sich Mühe geben wollte. Abgeholt! Dann wieder zu Hause abgesetzt. Ich kam mir bald vor wie ein Gegenstand, den man nach Belieben hin und her schieben konnte.

Ich reagierte traurig. Störrisch. Aufmüpfig, war wütend auf alles und jeden, verunsichert und in mich gekehrt. Ich war meinem Vater verfallen, so könnte man sagen.

Meine Mutter kam nicht an mich heran. Da war die Hassliebe zu meinem Vater! Er war kühl und distanziert, andererseits war ich sein Engelchen. Mein Selbstwert litt darunter. Er hatte die Zügel in der Hand.

Mein Vater war nicht besonders emotional, gab sich kontrolliert und nüchtern. Die Gespräche gingen nur über ihn, sein neues Leben, seine neue Arbeit, er war mittlerweile in der Gesundheitsbranche tätig. Er hatte sich selbstständig gemacht, die neue Frau hatte ihm Geld dazu gegeben. Er wollte mich aushorchen, wie es im Leben meiner Mutter mit ihrem neuen Partner lief und wie es mir mit meinem Stiefvater geht. Mein leiblicher Vater hatte nie wirklich Interesse an mir. Ich hatte das Gefühl, Spionin im eigenen Haus zu sein, damit er etwas gegen meine Mutter in der Hand haben konnte.

Mir fehlte der männliche Part, die stärkende, beschützende Liebe meines Vaters. Mein Opa war früh gestorben. Deshalb suchte ich die Nähe zu meinem Vater. Später fühlte ich mich zu älteren Männern hingezogen, habe mich gern bei Bekannten meiner Mutter auf den Schoß gesetzt. Ich suchte nach Nähe und Wärme, nach Aufmerksamkeit, das war ein naives, unschuldiges Verhalten.

Von meinem Vater fühlte ich mich nie wirklich angenommen, eher abgelehnt. Dieses Gefühl hat mich lange begleitet.

Da war von ihm wohl auch so ein Gefühl: Der neue Mann (Stiefvater) nimmt mich ihm weg. Dabei hat er nie versucht, mich überhaupt zu bekommen.

Das ist das eigentlich Absurde: Ich habe mein Leben lang versucht, nach dieser Liebe zu hechten, habe immer wieder versucht, ihn in mein Leben zu holen. Das geschah in meiner Kindheit relativ selten. Ich war froh, dass er mich überhaupt unregelmäßig zu sich geholt hat.

Meine Mutter heiratete meinen Stiefvater. Er war geschieden und hatte 3 Kinder aus einer ersten Ehe. Also hatte ich auf einmal 3 Stiefgeschwister, mit denen ich meine Mutter an den Besuchswochenenden teilen musste. Für mich als Einzelkind war es schwierig. Aber mein Stiefvater hat mich immer wie seine eigene Tochter behandelt, von ihm und nicht von meinem leiblichen Vater lernte ich Fahrrad fahren. Er war es, der der Opa meiner Kinder wurde und sie geliebt hat, von ganzem Herzen. Meine erstgeborene Tochter Bianca hat ihren Opa abgöttisch geliebt.

Er wirkte offen, war wirklich um mich bemüht, fragte, was ich gerne mache, wie es mir geht. Er brachte mir oft Süßigkeiten und Spielsachen mit. Er war angenehm von seiner Art her, harte Schale, weicher Kern. Ich habe keine Vergleiche zwischen meinem Vater und ihm angestellt, habe ihn angenommen, wie er war. Anfangs habe ich ihn gar nicht als Vater gesehen, mehr als Freund. Er war das Beste, was mir in meinem Leben damals passieren konnte.

Die erste Begegnung mit seinen Kindern war entspannt. Die Kinder waren ungefähr im gleichen Alter wie ich. Wir haben uns beschnüffelt, wie Kinder das machen. Sie haben uns alle 14 Tage besucht, aber nie bei uns geschlafen.

Wir machten viele Ausflüge, etwa an das Steinhuder Meer, oder waren mit den Fahrrädern unterwegs.

Sie waren unvoreingenommen und verunsichert, weil es auch für sie eine neue, nicht so angenehme Situation war. Sie waren nett und sympathisch mir gegenüber.

Das Verhältnis zu meinem leiblichen Vater blieb schwierig und das ist auch die Information, die ich später in Coachings empfangen habe. Wenn er keine Lust mehr hatte, sich mit mir zu beschäftigen, dann hat er mich, im übertragenen Sinne, »in die Ecke geworfen«. Wie Luft behandelt. Das wurde erzählt und fühlt sich für mich stimmig an. Aber so ist das mit den Narrativen, die wir von anderen über das eigene Leben, vor allem über unsere Kindheit, übernehmen, sie sind eben oft auch Konstrukte, geschaffen, um Familien und ihre Konzepte am Leben zu erhalten.

Die Information, dass sich mein Vater auf psychische Weise missbräuchlich mir gegenüber verhalten hat, hat sich in späteren Coachings noch vertieft und sich für mich als stimmig erwiesen. Solche Wahrheiten sind schmerzhaft, doch in diesem Schmerz liegt auch das Potenzial zur Heilung.

Das ist eine Erkenntnis, die mich fast wahnsinnig gemacht hat. Aber sie hat mich auch so beflügelt, um endlich herauszufinden, was sich zugetragen hat, damit man die Ursache kennt, und nicht, um mich als Opfer zu sehen, rein gar nicht.

Ich hasse meinen Vater auch nicht. Ich habe meinen Frieden mit ihm geschlossen. Ich spüre tief in mir, wenn er im Sterben liegen würde und er sagt, ich möchte dich noch einmal sehen, dann würde ich sofort hinfahren. Ich hege keinen Groll oder Hass gegen ihn. Mittlerweile ist mein Vater verstorben.

Ich verstehe, dass er nicht anders handeln konnte.

Einer der Coaches sagte damals als Erklärung zu mir: »Du warst zu schön für ihn. Du hast eine Reinheit für ihn ausgestrahlt, die er nicht hatte. Diese Reinheit und dieses Innere, voller Liebe, damit konnte er nicht umgehen.«

Das passt auch zu Äußerungen von meinen Verwandten und erzeugt eine Resonanz mit dem, was ich für meinen Vater fühle. Etwas an der Verbindung zwischen uns stimmt nicht, ist belastet wie ein großer, dunkler Schatten. Viele Dinge spüren wir eben nur, ohne sie wirklich in Worte fassen zu können.

Ich habe mal gelesen, dass alle unsere Schwierigkeiten, die wir im erwachsenen Leben haben, in den meisten Fällen damit zu tun haben, was während der Schwangerschaft und in der Geburtsphase – also eigentlich bereits während der Empfängnis – geschieht und was dich prägt.

Während einer Hypnose, eine Art Rückführung, wurde ich zurück in den Moment der Geburt, in den Geburtskanal geführt.

Das ist faszinierend, dabei habe ich nie gedacht, dass das funktionieren könnte. Ich kann das auch nicht beschreiben, wie es ist. Man sieht keine Bilder, aber man reagiert. Der Coach stellt dir Fragen. Was von dem gesamten Coaching übriggeblieben ist, die Grundtendenz war: Ich bin im Geburtskanal, bin kurz davor, auf diese Welt zu kommen, das Licht der Welt zu erblicken. Was tue ich jetzt? Da war dieses überwältigende Gefühl von: Ich will nicht raus!

Vielleicht wusste ich, dass mich so viel Schmerz hier auf dieser Welt erwarten würde.

***

Dann suchte ich Sabrina Gosselck-White auf. Sie ist ein Coach, die mediales Training, Channeling und Seminare anbietet und in frühere Leben (Akasha-Chronik) schauen kann, auch dabei insbesondere darauf achtet, was war mit den Ahnen, welche Themen ziehen sich durch Generationen wie ein roter Faden?

Manche Themen werden uns aus früheren Leben mitgegeben und manche eben auch von unserer Ahnenlinie und genau dafür ist sie eine Expertin. Vor Kurzem kam ich in einer Meditation in Kontakt zu meiner Oma. Sie verbeugte sich vor mir und sagte: »Du bist so liebenswert.«

Sie sagte mir, ich sei eine Art Erlöserin für meine Ahnenreihe, eine Johanna von Orléans dieser Generation. Ich könnte vielen meiner weiblichen Ahnen die Last abnehmen, vieles rundmachen.

In einem anderen Reading sagte ich: »Ich habe das Gefühl, dass mir irgendwas fehlt, ein Teil von mir. Irgendetwas ist, als wäre es aus mir herausgerissen worden.« Zuerst dachte ich, ich sei ursprünglich mal ein Zwilling gewesen. So etwas geschieht oft, dass ein Zwilling im Mutterleib aufhört zu wachsen und nur ein Kind zur Welt kommt. Ich lieh mir sogar von einer Kollegin ein Buch darüber aus, doch nach drei Seiten stellte ich fest, dass es das nicht war.

Aber da war immer dieses Gefühl, irgendwas fehlt.

Es war Sabrina, die mir in einem Reading erzählte, dass diese **Fehlgeburt von meiner Mutter, dieser Junge**, der auf die Welt gekommen wäre … also, dass ich in einem früheren Leben mit ihm als Mann zusammengelebt hätte. Sie zeigte mir viel von meinen früheren Leben, von meinen Seelenerfahrungen, die ja alle in unserem Unterbewusstsein vorhanden sind und auf uns einwirken.

Diese Seele von diesem kleinen Kind … In einem früheren Leben waren wir ein Team, ein Gespann. In den ganzen früheren Leben war ich immer für Menschen da. Ich war Heilerin, eine Inspiration. Auch wenn ich verfolgt worden bin, verbannt wurde. Ich musste meine ganze Familie loslassen. Ich verlor sogar in einem früheren Leben während einer Pest-Epidemie meinen Partner und meine zwei Kinder an die Pest, stand dann aber nach einer schweren

Trauerphase wieder auf und half anderen Menschen, die auch ihre Lieben verloren haben.

»Wir packen das!«, das war mein Credo.

Mit dieser Seele der Fehlgeburt ... er und ich, wir teilten alles. Und für diese Inkarnation, jetzt, hatten wir vorher den Seelenplan beschlossen, dass ich es in diesem Leben alleine schaffen und erfahren will - ohne ihn. Deswegen, ja, er fehlt mir eben. Er wollte diese Welt nicht erblicken, weil wir das miteinander beschlossen hatten. Das hört sich alles so seltsam an. Aber es passte. Ein Puzzleteil fügte sich an das andere.

Noch fehlte das große Bild, das tut es noch immer, doch Muster werden erkennbar, die mir etwas von meiner großen Seelenreise erzählen.

Ich weiß jetzt, dass ich schon viele Male hier war, viele Inkarnationen, in denen ich vieles erlebt habe.

Ich habe viele Leben gelebt, ich habe geliebt und gelitten, ich habe anderen Menschen geholfen und ich wurde sehr geliebt. Aber ich wurde auch verfolgt und gejagt und erlitt großes Leid.

Meine Seele war schon immer die einer Heilerin und Seherin, die anderen Seelen auf ihrem Seelenweg geholfen hat. Darin liegt meine Bestimmung, der ganz individuelle Seelenweg, für den ich mich entschieden habe.

Das zu wissen, hat mir großen Frieden gegeben. Ich konnte mich mit zahlreichen Dingen in meinem Leben versöhnen.

Die schwierige Beziehung zwischen meinen Eltern und das Verhältnis zu meinem Vater haben mich bis in mein Erwachsenendasein belastet. Doch ich hielt es immer für albern oder unnötig, allzu viel darüber nachzudenken, immerhin hatte ich mit dem Verlust meiner beiden Kinder viel Schlimmeres erlebt.

Erst jetzt begriff ich, wie sehr diese frühen Erfahrungen mich geformt hatten.

Die Erfahrungen unserer Ahnen prägen uns. Sie werden uns in Form unserer Gene und auch ganz konkret über die Epigenetik mitgegeben. Unsere Vorfahren und ihre Erinnerungen und Erfahrungen leben in uns und durch uns fort.
Früheren Generationen war das noch sehr viel mehr bewusst. Sie hielten ihre Vorfahren in Ehren, sprachen über sie, wussten von den Energien, die zwischen Ahnen und Nachfahren ausgetauscht werden. Immerhin heißt das alte germanische Wort »Enkel« so viel wie kleiner »Ahne« und deutet an, dass wir alle innerhalb unserer Ahnenlinie wiedergeboren werden und in Verbindung zu unseren Ahnen stehen.
Heute kennen wir oft nur noch unsere direkte Kleinfamilie, Vater, Mutter, Großeltern, doch zu unseren Vorfahren gehören noch sehr viel mehr Menschen, die nun im Jenseits sind, aber mit uns in einer Verbindung stehen. Sie wachen über uns und wir können Kontakt zu ihnen aufnehmen, wenn wir das möchten. Einige von ihnen haben nach wie vor Botschaften für uns. Sie können uns Segen schicken, Nachrichten, sie können mit uns interagieren.
Erleben unsere unmittelbaren Vorfahren große Belastungen, können diese als sogenanntes transgeneratives Trauma an uns weitergegeben werden. Wir durchleben dann ein Trauma wie Flucht, Krieg oder Vertreibung, ohne es selbst erlebt zu haben. Das kann sehr verwirrend sein, wenn wir uns dessen nicht bewusst sind, deshalb ist es so wichtig, mehr über unsere Vorfahren herauszufinden.
Gleichzeitig sind sie auch unsere Wurzeln. So wie ein Baum aus seinen Wurzeln in die Höhe erwächst, so bilden unsere Ahnen unsere Wurzeln, von denen aus wir gen Himmel streben.
Was unsere Eltern zum Zeitpunkt unserer Zeugung erlebt und empfunden haben, ist über die Epigenetik prägend für uns und unseren Bewusstseinszustand. Die Erfahrungen, die wir im Mutterleib und während der Geburt machen, treten hinzu. Wir können uns nicht mehr bewusst an sie erinnern, doch sie prägen unsere Wahrnehmung und unser Bild von der Welt nachhaltig.

Ist diese Welt ein sicherer Ort? Möchte ich auf dieser Welt sein? Bin ich hier willkommen? Wer nimmt mich hier in Empfang?
Dann beginnt unsere Kindheit, in der wir vieles nicht verstehen, aber besonders sensibel auf alles reagieren, was in unserem Umfeld geschieht – Beziehungen, Trennungen, Streit, das Verhalten unserer Eltern.
Unsere Eltern sind unsere wichtigsten Bindungspersonen und Vorbilder. Sie prägen, wie wir uns selbst sehen. Ist mein Selbstbild positiv oder negativ? Welche Botschaften über mich selbst habe ich von meinen Eltern empfangen? Bin ich liebenswert? Bin ich gut genug? Wie viel Raum darf ich einnehmen? Darf ich meine Gefühle offen zeigen? Darf ich auch mal wütend sein? Oder muss ich immer nur das brave, angepasste Kind sein, das nicht auffällt, aus Angst, abgelehnt zu werden, so, wie es bei mir der Fall war?
Was leben mir meine Eltern vor? Sind sie angepasst, religiös? Gibt es einen strengen Gott, der alles sieht, was ich tue? Oder bin ich frei in meiner Entwicklung, in meiner Wahrnehmung? Darf ich springen, toben, auch mal herumschreien? Darf ich mich kreativ entwickeln und von der Norm abweichen?
Gerade Letzteres war für mich kaum möglich. Das erzeugt Wut, denn jede Seele strebt danach, sich ganz individuell zu entwickeln. Ich habe mich tatsächlich lange Zeit in meinem Leben nicht liebenswert gefühlt, was wohl ganz intensiv mit meinem Vater zusammenhängt.
Ich weiß jetzt auch, dass viele negative Gefühle, die ich mit mir herumschleppe, in Wirklichkeit gar nicht zu mir gehören, sondern zu meinen Vorfahren, zu meiner Oma etwa, die nicht nur die traumatischen Fluchterfahrungen zu verarbeiten hatte, sondern auch den Verlust ihrer Heimat.
Und dann ist da noch diese Seele, mit der ich über so viele Leben eine innige Verbindung hatte und die mir nun in diesem Leben so sehr fehlt. Über sie würde ich gerne noch viel mehr herausfinden.
Was das Verhältnis zu meinem Vater angeht, so habe ich heute das Gefühl, dass es sich um eine ordentlich aufgeräumte Schub-

lade handelt, die ich mir von Zeit zu Zeit in Ruhe ansehen kann, die meiste Zeit aber kann ich sie verschlossen lassen.
Ich bin stolz darauf, dass ich den Mut hatte, sie aufzuräumen. Sie befand sich an einem dunklen Ort in meinem Unterbewusstsein und sandte von dort immer wieder unschöne Botschaften an mich aus. Doch das ist jetzt vorbei. Seit das geklärt ist, kann ich mich selbst viel besser annehmen. Ich weiß jetzt, dass ich liebenswert, wertvoll und einzigartig und auf dieser Welt gewollt bin!
Ein Vater ist eine sehr mächtige Figur, nicht nur im realen Leben, sondern auch in unserem Unterbewusstsein. Es kann sich vernichtend anfühlen, von ihm nicht gesehen, nicht geliebt zu werden. Doch dieser Teil meines Lebens gehört jetzt der Vergangenheit an.
Unsere früheren Leben wirken auf uns ein ebenso wie die Verbindungen zu unseren Ahnen, zu unseren Seelenverwandten und die Beziehungen aus unseren früheren Leben.

So entdeckte ich vieles, was ich früher sehr kritisch betrachtet hatte, auf einmal als wahr.

Ich weiß heute, dass ich früher einfach noch nicht bereit dafür war. Ich musste mich verschließen, weil der Schmerz in meinem Inneren zu stark war. Die dicke Mauer um mein Herz musste erst vorsichtig eingerissen werden. Es gelang mir, mein Verhältnis zu meinem Vater zu sortieren und schmerzhafte Wahrheiten anzunehmen. Ich ging durch eine Familienaufstellung noch weiter zurück und konnte sogar ein wenig Heilung in mein Familiensystem bringen. All das war sehr befreiend, denn es war ein Teil meiner Seelenaufgabe, diese Schritte zu unternehmen. Ich bestreite nicht, dass es mir anfangs große Angst machte, doch immer, wenn wir einen Teil unseres Seelenplans erfüllen, dann schwingt unsere Seele ein wenig höher und wir sind in der Lage, uns selbst und das Leben besser anzunehmen. Wir sind dann an dem Ort, an dem wir sein sollen, weil wir das tun, für das wir hierher gekommen sind.

In gewisser Weise war ich jetzt erst bereit, der Botschaft der Herzsteine zu folgen und mein Herz zu öffnen für die Wahrheit meiner Seele, die mir so viel über mich selbst zu erzählen hatte.

III. Wege des Lebens

Wenn ich auf mein Leben mit meinem heutigen Wissen zurückblicke, dann erkenne ich, dass ich eigentlich schon immer göttlich geführt und behütet war, auch wenn ich mir dessen nicht immer bewusst war.

Anfang Juli 1980 brach ich als 15-jähriger Teenager zu meiner ersten Reise ganz allein auf, nach England.

Meine Englischlehrerin hatte den Kontakt zu einer Gastfamilie aufgenommen und an einem Freitag ging es los, mit dem Zug von Hannover, anschließend mit der Fähre von Dover nach Calais, von dort weiter mit dem Zug nach London Central Station und dann mit der Metro nach Watford.

Auf der Hinfahrt im Zug von Hannover nach Dover lernte ich ein Geschwisterpaar aus Steinhude kennen und wir unterhielten uns, daraus entwickelte sich später eine Freundschaft. Wir fuhren gemeinsam mit der Fähre nach Calais und dort trennten sich unsere Wege zunächst einmal. Sie machten auch einen Englandaufenthalt, aber an einem anderen Ort als ich, und ich wusste auch nicht, wann sie wieder heimfahren würden. Doch wir verbrachten eine vergnügliche und unterhaltsame Fahrt zusammen und das stimmte mich hoffnungsvoll und ich war voller Freude auf meine bevorstehende Reise.

Am Londoner Bahnhof war ich allerdings völlig deprimiert und traurig, wollte wieder nach Hause, weil ich erstmal nicht wusste, wie ich überhaupt von dort mit der U-Bahn nach Watford kommen sollte. Die vielen Eindrücke, die ganzen Menschen, das Gewusel und die fremde Sprache, das überwältigte mich in diesem Moment und ich fühlte mich entsetzlich verlassen und einsam.

Ich schaute dann auf den U-Bahn-Plan und fand schließlich dank der Hilfe einer netten Frau, mit der ich mich mit meinem gebrochenen Englisch und Händen und Füßen verständigte, die richtige Verbindung. Der Brief mit der konkreten Wegbeschreibung meiner Gastfamilie kam nämlich, wie ich später erfuhr, erst einen Tag nach meiner Abreise bei mir zu Hause an.

Da stand ich nun, gestrandet in London, und versuchte, meine Eltern von einer Telefonzelle aus anzurufen, nur funktionierten diese dort anders – man wählt erst und wirft dann das Kleingeld ein, was mir schließlich ein freundlicher älterer Herr erklärte.

Ich rief meine Mutter an, die mich tröstete und mir neue Kraft gab. »Du schaffst das schon«, sagte sie zu mir.

Nachdem ich den Weg nach Watford herausgesucht hatte, fuhr ich mit der Metro nach Watford. Dort stieg ich, es war bereits sehr spät am Abend, aus. Ich verließ die Station und es hielten sich sehr komische Gestalten, die aussahen wie Skinheads, vor dem Gebäude auf. Ich hatte ziemliche Angst, es gab dort auch keine Taxis, aber zum Glück halfen mir die Engelsscharen/Gott in Form eines Pärchens, das auch ausgestiegen war und zu meiner großen Erleichterung auch noch Deutsch sprach.

»Können wir dir helfen?«, fragten sie mich.

Ich zeigte ihnen die Adresse, wo ich hinmusste.

»Oh, das ist nicht weit, wir können dich mitnehmen!«, sagten sie.

Tatsächlich fuhr kurz darauf ein VW-Käfer vor und sie nahmen mich mit. Was für ein Segen!

Ich lag fast quer hinten bei dem Pärchen auf dem Schoß, kein Wunder bei 5 Personen im Käfer und dann noch mit den Koffern, abenteuerlich, ein Erlebnis. Nach längerem Suchen auf dem Stadtplan stellte sich heraus, dass es die Straße, wo ich hinwollte, zweimal dort in der Gegend gab und ich eigentlich noch zwei Stationen hätte weiterfahren müssen.

Aber die netten Leute brachten mich zu meiner Gastfamilie, wo ich dann schließlich so gegen halb eins in der Nacht völlig entkräftet und müde ankam. Die Gastmutter machte mir auf und war so unendlich glücklich, dass ich da war. Sie hatte sich schon Sorgen gemacht, weil sie mit meiner Englischlehrerin telefoniert und von dieser erfahren hatte, dass der Brief mit der Wegbeschreibung noch nicht eingegangen war. Meine Englischlehrerin hatte mit meinen

Eltern telefoniert gehabt und von denen das mit dem nicht rechtzeitig angekommenen Brief erfahren. Aber es hatte sich ja alles zum Rechten gefügt.

Es war eine tolle Zeit dort, bin in der Familie richtig integriert worden, sie hatten zwei gleich alte Kinder und ich hatte auf diese Weise echten Familienanschluss. Ich bewohnte ein süßes, kleines Zimmer in dem großen Haus mit herrlichem Garten. Gemeinsame Mahlzeiten, Geburtstagsfeiern der Familie und sonstige Einladungen, überall war ich mit dabei. Allerdings mussten die Gasteltern in der Woche arbeiten und die Kinder mussten in die Schule, sodass ich in der Woche auf mich gestellt war und nun London und Umgebung auf eigene Faust erkundete – Buckingham Palace, Madame Tussaud, Hyde Park, National Gallery, Downing Street No. 10, Fahrt mit dem alten Segelschiff Cutty Sark und noch vieles mehr.

An meinem 16. Geburtstag saß ich auf einer Bank im Hyde-Park und war unglaublich stolz auf mich, dass ich es bis hierhin ganz allein geschafft hatte.

Auf der Rückfahrt dann an der Fähre wollte ich mein Gepäck aufgeben, ich hatte zu viele Souvenirs gekauft und dazu noch die Koffer, aber mir fehlte tatsächlich das nötige Kleingeld zum Aufgeben des Gepäcks. Oh je, war ich ratlos, »das Gepäck war so schwer«, was tun? Dann auf einmal, wie aus heiterem Himmel, stupste mich von hinten jemand auf die Schulter – wer war das? Das waren die Geschwister von der Hinfahrt, die von ihrem Onkel zur Fähre gebracht worden waren und nun auch zurückfuhren. Der Onkel schenkte mir das fehlende Geld und ich konnte mein Gepäck aufgeben. In dem Moment kam mir innerlich der Gedanke: DANKE, lieber Gott, dass du mir geholfen hast. Wieder einmal ein Zeichen, dass ich nicht alleine war und auf mich geachtet wurde. Zum ersten Mal kam mir die Idee, dass Gott oder die Engel zu uns durch Zeichen sprechen. Wann immer wir denken: »Das kann doch kein Zufall sein« – ja, dann ist es vermutlich auch keiner, sondern es ist übernatürliche Hilfe, die uns zur Seite steht. Wenn wir nur darauf vertrauen, dann spüren wir, dass wir in jedem Moment, auch in unseren dunkelsten Stunden, geführt und behütet sind.

Mit 20 heiratete ich meinen Schulfreund Torsten, vorrangig, weil ich von zu Hause wegwollte, obwohl ich mich mit meiner Mutter und meinem Stiefvater durchaus gut verstand. Mit 18 war ich bereits zu ihm gezogen, er hatte damals schon eine kleine Wohnung.

Wir hatten gemeinsam die Schule besucht. Er verhielt sich stets zuverlässig und loyal zu mir, beschützte mich in der Clique, er wäre für mich Pferde stehlen gegangen, das wusste ich und irgendwie zog mich das an. Ich fühlte mich bei ihm geborgen. Lange Zeit war er einfach nur ein guter Freund für mich, doch irgendwann war da auf einmal mehr.

Er hatte dunkelbraune Augen und Haare, ein kleines Bäuchlein und er gefiel mir sehr. Trotzdem war es bis zu der Hochzeit ein ewiges Hin und Her. Wir waren eben noch sehr jung und wussten eigentlich gar nicht, was wir wollten. So kam es, dass wir uns trennten und wieder zusammenkamen und es immer wieder so hin und her ging. Er war oft sehr eifersüchtig.

Mir war es im Rückblick wichtig, eine eigene Familie zu gründen, selbstständig zu sein. Unbewusst suchte ich wohl auch einen Schutzraum.

Meine erste Ehe stand von Anfang an unter keinem guten Stern. Es war nicht so, dass wir vor Liebe regelrecht überschäumten, aber was wusste ich mit 20 auch schon über die Liebe?

Meine Mutter warnte mich: »Mit diesem Mann wirst du nicht glücklich.«

Natürlich hörte ich auf ihren Rat nicht, auch wenn ich tief in mir das Gefühl hatte, dass sie vielleicht Recht hat. Ich denke, bei meiner Mutter war es auch eine Form von Eifersucht, weil sie den Eindruck hatte, dass man ihr »ihre Kleine« wegnahm.

Wir heirateten zunächst standesamtlich, ein gemeinsamer Freund war Trauzeuge, danach gab es Kaffee und Kuchen in unserer kleinen Wohnung. Es war keine besondere Feier, doch für mich war es ausreichend.

Am Morgen der standesamtlichen Trauung machte ich einen Schwangerschaftstest – und er war positiv! Die Reaktionen unserer Eltern waren verhalten, echte Freude kam nicht auf, ich blickte in betretene Gesichter.

Im Winter 1985 kam meine erste Tochter Bianca auf die Welt. Als ich sie bekam, war Torsten bei der Bundeswehr tätig. Ich war bei meiner Schwiegermutter, als die ersten, leichten Wehen einsetzten. Wir hatten den Nachmittag zusammen verbracht, Kaffee getrunken, als es auf einmal losging. Das Verhältnis zu meiner Schwiegermutter war nicht so gut. Sie war sehr dominant und ich hatte das Gefühl, das sie mich nicht mochte.

Doch irgendwie dachte ich noch, dass sich unsere Beziehung vertiefen würde. Ich lag auf ihrem Sofa und sie saß neben mir.

»Komm, wir erzählen ein bisschen, bis es richtig losgeht«, sagte sie und erzählte mir von ihren Geburten. Irgendwie machte mir das Mut und auf einmal entstand zwischen mir und dieser Frau, die mich bisher doch immer abgelehnt hatte, eine Verbindung. Wir waren beide Mütter und so wie ich vor dem transformierenden Erlebnis der Geburt stand, so konnte sie mir von ihren Erfahrungen berichten, eine tiefe, uralte Frauenweisheit verband uns, die ich heute als ein Teil unseres spirituellen Vermächtnisses als Frauen betrachte. Wir sind es, die das Leben in die Welt tragen, an der Schwelle zwischen Leben und Tod die Seelen von der anderen Seite auf diese Seite bringen und das ist ein heiliger Vorgang, in dem die Gesetzmäßigkeiten der Welt nicht mehr gelten und Feindseligkeiten keinen Bestand mehr haben, ähnlich nur der heiligen Feierlichkeit während des Abschieds von einem Sterbenden; nur geht es hier nicht um Trennung und Tod, sondern um Liebe und einen Neuanfang. Das Leben feiert sich selbst.

Am frühen Morgen kamen die Wehen regelmäßig, alle zehn Minuten. Ich rief bei meiner Mutter an und mein Stiefvater brachte mich mit dem Auto in das Krankenhaus.

Ich wurde stationär aufgenommen, wurde untersucht und es wurde festgestellt: keine nennenswerten Wehen. Bin vormittags auf und ab im Krankenhaus gelaufen. Mein Mann Torsten kam am späten Vormittag, ich hatte ihn am Abend zuvor angerufen. Um die Geburt zu beschleunigen, stiegen wir gemeinsam die ganze Zeit die Treppen auf und ab und ich erhielt am Nachmittag dann Wehenmittel zur Unterstützung, weil mein Körper nicht in der Lage war, genügend starke Wehen zu produzieren.

Am frühen Abend wurde meine Tochter Bianca geboren. Es war ein merkwürdiges Gefühl, sie plötzlich im Arm zu halten, dieses winzige Wesen, das unter meinem Herzen gewachsen war und mich jetzt mit aufmerksamen Augen anblickte. Ich selbst habe dunkle Augen und dunkle Haare, und auf einmal war da ein blondhaariges Kind mit blauen Augen. Welche seltsamen Wege sich das Leben manchmal sucht! Welches Erbe meiner Vorfahren blickte mich da aus den Augen meiner Tochter an? Tatsächlich war meine Urgroßmutter blond, wie ich später erfuhr.

Meine Mutter und mein Stiefvater erschienen gleich nach der Geburt noch im Kreißsaal und freuten sich sehr, nur meine Schwiegermutter war verhindert. Sie ließ sich entschuldigen. Es ginge ihr nicht so gut und sie könne ja auch noch am nächsten Tag vorbeikommen. Ich war sehr enttäuscht, schließlich war es auch ihr erstes Enkelkind.

Mein Stiefvater verliebte sich gleich sehr in meine Tochter. Zwischen ihnen bestand sofort eine besondere Verbindung.

1986 ließen Torsten und ich uns dann kirchlich trauen und meine Tochter wurde zeitgleich getauft.

Anders als die standesamtliche Trauung wurde unsere kirchliche Hochzeit ein richtiges Fest. Ich hatte ein cremefarbenes Kleid mit Rüschen und ließ mich von einer Kosmetikerin professionell schminken.

Ich freute mich an diesem Tag besonders auf meinen Vater, doch als er mich an dem Tag sah, war seine erste Reaktion: »Wie siehst du denn aus? Du hast da einen totalen Make-up-Rand.«

Sofort fühlte ich mich wieder winzig klein. Auf einmal hatte das Kleid all seinen Glanz verloren, ich fand es piefig und hässlich, immerhin hatte ich nach der Schwangerschaft Kleidergröße 46. Wenn ich heute die Fotos anschaue, kommt sofort wieder dieses Gefühl des Widerwillens in mir hoch.

Wir wohnten zu der Zeit in einem alten Fachwerkhaus. Die Besitzer wurden zu einer Art Oma- und Opaersatz für meine Tochter Bianca. Sie kümmerten sich ab und zu um meine Tochter, so dass ich ein bisschen Geld dazuverdienen konnte, indem ich Essen für eine Großküche auslieferte. Das war ein Menü-Bringdienst für ältere Leute. Ich bekam ein Auto gestellt und fuhr am Tag so 20 bis 40 Kilometer. Es fühlte sich gut an, ein wenig Unabhängigkeit zu erhalten. Alles lief harmonisch und rund, wir genossen unsere Zeit als kleine Familie.

Im Jahr darauf wurde ich erneut schwanger. Es war eigentlich so nicht geplant, aber wir taten auch nichts Konkretes, um es zu verhindern, schließlich waren wir ja jetzt verheiratet und wollten noch ein zweites Kind haben.

1987 kam unsere zweite Tochter Alexandra zur Welt. Acht Tage nach ihrer Geburt fand ich sie leblos im Bett. Mein Mann war schon auf der Arbeit, ich war mit meinen beiden Mädchen allein zu Hause.

Ich erinnere mich noch an das Entsetzen, das ich empfand, als sie da lag, dieser winzige Körper, reglos, kein Leben mehr. Da war eine eiskalte Hand, die nach meinem Herzen griff und es zusammendrückte, bis es zerbrach.

Wie ferngesteuert rief ich den Notarzt an, der sehr schnell da war. Man reanimierte Alexandra und sie wurde mit dem Rettungshubschrauber ins Krankenhaus in die Stadt gebracht. Dort lag sie dann auf Intensivstation, doch die Ärzte machten uns keine Hoffnung, auch wenn uns niemand beantworten konnte, wieso das geschehen war.

Ich erlebte alles wie durch einen Nebel, abgeschnitten von der Welt, unfähig zu verarbeiten, was sich da gerade ereignete.

Wir ließen sie nottaufen von einer sehr netten Pastorin. Irgendwie kam mir das richtig vor. Sie sollte mit Gottes Segen in die andere Welt gehen.

Nach einer Woche sagte man uns, dass ihr Hirn keinerlei Aktivität mehr zeigte. Sie schalteten die Geräte ab. Ihre Todesursache war ungeklärt, weshalb die Staatsanwaltschaft eine Obduktion anberaumte, doch die Erinnerung an diese Tage ist verschwunden. Ich habe nur noch die Tage vorher auf der Intensivstation im Gedächtnis, wie sie da an die Maschinen angeschlossen lag, mein kleines Mädchen.

Die Ärzte stellten uns Fragen, die mir damals unfassbar grausam erschienen, wie, ob wir Teile ihrer Organe (u. a. Herzklappen) spenden wollten.

Wir erklärten uns einverstanden, so konnte ihr Tod anderen Menschen beim Weiterleben helfen.

Bei der Obduktion stellte man fest, dass eine seltene Atemwegserkrankung zum Tod geführt hatte.

Wir durften uns von ihr verabschieden. Das war auch nochmal ein sehr intensiver Moment, an den ich mich gut erinnern kann – in diesem kleinen, verdunkelten Raum. Mein Mann Torsten und ich nahmen sie aus ihrem Bettchen, hielten sie in den Armen und weinten viel. Ich weiß nicht mehr, wie ich diesen Moment durchgestanden habe, diesen kleinen leblosen, kalten Körper in meinen Armen zu halten und dann wieder loslassen zu müssen … es war die Hölle.

Heute habe ich einen anderen Blick darauf. Ich habe gelernt, dass alles einem höheren Sinn folgt, auch das ganz Schlimme, der Abschied und der Tod. Wir alle kommen mit einem Seelenauftrag hierher, auch die Kinder, die nur ganz kurz unter uns weilen; und wir verabreden uns mit anderen Seelen dazu, gemeinsam Erfahrungen zu machen.

Meine zweite Tochter Alexandra war, wie auch später mein drittes Kind, eine Seele, die sich entschieden hatte, nur ganz kurz auf dieser Welt zu inkarnieren und ich hatte mich aus Liebe zu ihr dazu entschieden, ihre Mutter zu sein und den Schmerz ihres Verlusts zu ertragen. So etwas tut man nur aus einem Gefühl der absoluten, reinen und unerschöpflichen Liebe und seit ich das erkannt habe, kann ich diesen Tod besser akzeptieren, auch wenn er immer noch schmerzt und auch immer schmerzen wird. Doch ich ertrage diesen Schmerz als Zeichen meiner unendlichen Liebe zu ihr. Diese Erkenntnis durfte ich bei einem Channeling erfahren und sie gab mir unendlich viel Trost und auch Verständnis.

Mein Mann und ich gingen durch diese schwere Zeit gemeinsam. Wir spendeten uns Trost, so gut es ging.

Doch nach dem Verlust unserer Tochter war zwischen uns eine Art unsichtbare Mauer. Mein Mann war wie erstarrt in seiner Trauer, er konnte mit mir einfach nicht darüber sprechen und ich fühlte mich unendlich allein und auch schuldig. Ich wusste zwar, dass ich nicht schuld war, aber dennoch konnte ich nichts gegen dieses Gefühl tun. Mein Kind war tot und ich machte mir Vorwürfe, weil ich es nicht beschützt hatte. Immer wieder fiel ich in depressive Phasen, in denen ich viel weinte und nicht wusste, wie das Leben weitergehen sollte, doch ich rappelte mich immer wieder auf.

Wir machten einfach weiter, redeten nie über den Schmerz in uns. Wir radierten ihn aus, vergruben ihn tief in uns, aber natürlich war der Schmerz immer noch da.

Wir konnten uns gegenseitig unsere Gefühle nicht zeigen, vielleicht waren wir einfach zu jung, um mit einem solchen Schicksalsschlag fertig zu werden, also sprachen wir nicht darüber. Diese Sprachlosigkeit war allgegenwärtig und sie erstickte alles andere. Natürlich hatten wir unsere erstgeborene Tochter Bianca, um die wir uns kümmern mussten, doch bis heute bereue ich es, dass wir nie einen Weg fanden, um darüber zu sprechen. Ich weiß bis heute nicht, was in ihm vorging, was er gefühlt hat.

Ich, mein Mann und Bianca lebten weiter, wir versuchten Normalität in unser Leben zu bringen, was uns mehr schlecht als recht gelang.

Wenn ich heute auf diese Zeit in meinem Leben zurückschaue, dann sehe ich eine junge Frau, die kaum etwas über sich selbst weiß. Verunsichert durch die Zurückweisung meines Vaters, die ich damals noch kaum in Worte fassen konnte, suchte ich mir unbewusst einen Mann, der emotional ebenso wenig erreichbar war wie mein Vater. Diese schmerzhafte Wiederholung von Kindheitsthemen ist etwas, das viele Menschen kennen. Sie ist eines der großen Dramen unserer Gegenwart und trotz aller Emanzipation erkenne ich nicht, dass es endlich an sein Ende kommt. Abwesende Väter bringen unglückliche Töchter und Söhne voller Selbstzweifel und mit einem großen Liebesbedürfnis hervor, die dann an Männer oder Frauen geraten, die dieses Unglück noch vertiefen. In meinem Fall kam der entsetzliche Verlust unserer Tochter noch hinzu, gefolgt von einer Sprachlosigkeit, wie sie schwere Traumata nun einmal mit sich bringen. Aus heutiger Sicht weiß ich, dass wir Hilfe gebraucht hätten, dass wir über den Schmerz, unsere Gefühle hätten sprechen müssen. Damals dachten wir, wenn wir nur einfach weitermachen, würde es schon werden. Ich hoffte, wenn ich versuchte, den Konventionen zu entsprechen, das zu tun, was man von mir erwartete, dann würde ich schon irgendwann auch wieder so etwas wie glücklich werden. Doch der Schmerz war viel zu groß und dabei lag die tiefste Dunkelheit noch vor mir.

IV. Dunkelheit

Ende des Jahres 1988 kam mein drittes Kind, ein Junge (Daniel), zur Welt. Er war ein richtiger Sonnenschein, mit tiefdunklem Haar, braunen Augen, ganz lieb und ruhig. Das machte den Schmerz um den Verlust meiner Tochter nicht vergessen, aber auf einmal gab es da etwas anderes, auf das ich mich konzentrieren konnte und musste, ein Hoffnungsschimmer.

Es war so unendlich schön und es tat so gut, nochmal das Geschenk eines gesunden Kindes zu erhalten. Meine Eltern unterstützten uns nach dem Tod meiner Tochter sehr viel, nahmen meine erstgeborene Tochter Bianca mit in den Urlaub, in den Bayerischen Wald, nach Teneriffa, in den Schwarzwald usw. Die ersten Monate verliefen familiär noch gut, aber die Beziehung zu meinem Mann wurde zusehends schlechter. Er war sehr eifersüchtig und versuchte mich, einzusperren, ich konnte nichts mehr alleine unternehmen, ohne dass es Zoff zuhause gab.

Eigentlich hatten wir immer gut miteinander sprechen können. Er war ein Kumpeltyp, wie man heute sagen würde. Aber mit der Zeit wurde er immer besitzergreifender. Er versuchte, mich zu kontrollieren, und engte mich zunehmend ein. Das war ein schleichender Prozess. Es gefiel ihm nicht, wenn ich mich mit einer Freundin in der Stadt verabredete. Er wollte, dass ich mich vor allem in der Mutterrolle wiederfand und sobald ich diese verließ, ging ihm das gegen den Strich. Schließlich wollte er auch nicht mehr, dass ich arbeitete.

Unsere Gespräche drehten sich bald nur noch um den Haushalt, um die Erziehung/Entwicklung unserer beider Kinder, aber nicht mehr um tiefergehende Angelegenheiten.

Ich hatte den Eindruck, dass wir mehr und mehr herunterschluckten, um keine Konflikte aufkommen zu lassen.

Wir hatten nie gelernt, konstruktiv zu streiten. Er machte mir ständig Vorschriften. »Ich möchte nicht, dass du rauchst«, sagte er oder: »Ich möchte nicht, dass du arbeitest.«

Ich fühlte mich zunehmend von ihm manipuliert. Er versuchte, mich »zurechtzubiegen« und ich hatte auch den Eindruck, dass seine Mutter da einen gewissen Einfluss hatte.

Es war im April 1989 und wir waren bei meinen Eltern zum Grillen. Da gab es eine Situation zwischen mir und meinem Mann. Ich habe damals gerne mal eine geraucht. Mein Mann war strikt dagegen. Er war ein sehr einnehmender Mensch. Ich war in jungen Jahren schon ein Typ Mensch, der nicht eingeengt werden wollte. Ich möchte nichts tun, um einen anderen Menschen zu verletzen. Doch ich brauche meinen Freiraum. Heute mehr denn je. Damals ist mir das klar geworden. Ich DARF alles. Niemand kann mir etwas verbieten. Ich brauche keine Erlaubnis.

Es gab dann die Situation, bei der mein Stiefvater mir eine Zigarette anbot, und mein Mann sagte: »Wenn du die Zigarette annimmst, bin ich weg!« Irgendwie macht es da in meinem Kopf »Klick«.

Gesagt, getan. Ich nahm die Zigarette an. Mein Mann stand auf und ging. Tatsächlich rauchte ich die Zigarette dann nicht, sondern steckte sie wieder weg, aber irgendwie fühlte ich, dass zwischen uns etwas zerbrochen war, endgültig, was nicht mehr zu kitten war.

Die anderen spürten es auch, keiner versuchte, meinen Mann aufzuhalten.

Am nächsten Tag fuhr mich mein Stiefvater dann in die Wohnung und ich packte ein paar Sachen für mich und die Kinder. Ich zog erst einmal zu meinen Eltern und dann später zu meiner Oma.

Meine Familie versicherte mir: »Wir sind da für dich.« Und das tat unglaublich gut.

Ich fing ein neues Leben an und es fühlte sich richtig an, wieder ich selbst zu sein und meine eigenen Entscheidungen treffen zu dürfen. Ich fand einen neuen Job und konnte unabhängig sein.

Ich arbeitete halbtags als Sekretärin, darauf war ich sehr stolz. Das Leben fühlte sich ganz allmählich wieder lebenswert an.

Meine Oma lebte damals in einer kleinen 2-Zimmer-Wohnung mit Küche und Bad. Es gab einen schönen Balkon mit Blick in eine Parkanlage. Ich schlief mit Bianca in einem Bett und Daniel in einem kleinen Reisebett daneben.

Dieses Gefühl der Unabhängigkeit fühlte sich großartig an. Schließlich hatte ich nie allein gelebt, war von meinen Eltern gleich zu Torsten gezogen.

Meine Mutter bekräftigte mich in meiner Entscheidung und unterstützte mich gemeinsam mit meiner Oma bei der Kinderbetreuung.

Da wusste ich nicht, dass es bereits den nächsten schweren Schicksalsschlag für mich bereithielt.

Im Juni 1989 war Bianca gerade wieder im Urlaub mit meinen Eltern. Ich war allein in der Wohnung meiner Oma. Mein Sohn hatte gerade geschlafen und meldete sich mit leisem Weinen. Ich dachte: Okay, dann mache ich ihm mal das Essen fertig, er hat sicher Hunger.

Doch es machte den Anschein, als sei er wieder eingeschlafen. Ich sah nach ihm und er lag friedlich in seinem Bettchen.

Als ich knapp zwei Stunden später nach ihm sah, weil ich mich wunderte, dass er so lange ruhig war, war er tot.

Ich war vollkommen alleine, rief wie erstarrt den Notarzt an. Die Polizei kam. Sie konnten nichts mehr tun. Es war zu spät. Er war bereits gegangen.

Ich saß mit einer Polizistin in der Küche und starrte in das Leere. Es gibt keine Worte, um das zu beschreiben, was ich fühlte. Noch heute kann ich nicht darüber sprechen (oder schreiben), ohne dass sich in meinem Inneren ein Abgrund des Entsetzens und des Schmerzes öffnet, in den ich nur mit stummer Verzweiflung hinabstarren kann.

Kurz darauf kam der Bestatter mit so einem furchtbaren Zinksarg und da wurde ich vollkommen apathisch. Beim Tod meiner Tochter Alexandra kann ich mich an kaum noch etwas erinnern, es ist alles wie im Nebel, doch bei meinem Sohn Daniel ist die Erinnerung glasklar.

Diesmal wurde die Staatsanwaltschaft nicht eingeschaltet.

»Möchten Sie Ihren Sohn in den Sarg legen?«, fragte mich die Polizistin.

Ich konnte es nicht. Ich rief meine Tante an, erst dann meine Eltern. Sie wollten den Urlaub abbrechen, doch das wollte ich nicht.

Meine Tante kam dann und sie sagte zu mir: »Kerstin, du musst das jetzt tun.«

Ich nahm Daniel auf den Arm. Sein kleiner Körper trug noch seinen Geruch. Das war das Schwerste, was ich jemals getan habe.

Als der Bestatter mit dem Sarg weg war, kam meine Oma. Sie schloss mich in die Arme und hielt mich fest.

Ich war so außer mir, ich konnte nicht anders als schreien und weinen. »Wieso bestraft mich Gott so?«, schrie ich.

»Der liebe Gott will dich nicht bestrafen«, sagte sie.

Ein Arzt rief mich einige Tage später an und fragte, ob ich meinen Sohn aus wissenschaftlichen Zwecken obduzieren lassen möchte, um im Fall des plötzlichen Kindstodes weiterzukommen, an dem Daniel wohl offensichtlich verstorben war.

Ich wollte zuerst nicht, dass Daniel obduziert wird, doch schließlich willigte ich nach einem Gespräch mit meinem Stiefvater ein. Er sagte: »Lass das machen! Es ist klar, dass du dem Kind nichts angetan hast. Aber wer weiß, was die Leute reden, du kennst doch auch deine Schwiegermutter. So gehst du den Gerüchten aus dem Weg.«

Bei der Obduktion stellte sich heraus, dass Daniel tatsächlich an plötzlichem Kindstod verstorben war.

Ich hatte den Wunsch, ihn nach der Obduktion noch einmal zu sehen, um mich verabschieden zu können. Er war ja bereits tot gewesen und im Krankenhaus nur obduziert und dann vom Bestatter zum Friedhof gebracht worden. Dort durfte ich ihn nochmal sehen. Aber ich durfte ihn nicht noch einmal auf den Arm nehmen wie meine Tochter. Er lag in einem weißen Sarg.

Ihn so zu sehen, nach der Obduktion, war ein Schock. Er trug keine Mütze. Sein Schädel war vollkommen verformt, man sah die Schnitte, die Nähte. Es war entsetzlich, einfach grauenvoll. Ich habe immer das Bild von Frankenstein vor Augen, wenn ich daran denke.

Mein Mann erfuhr von der Kriminalpolizei, dass unser Sohn tot war. Mit mir wollte er nicht sprechen. Er war noch immer persönlich gekränkt darüber, dass ich ihn verlassen hatte. Ich versuchte, ihn anzurufen, um mit ihm zu sprechen, immerhin betraf dieser Verlust uns beide, doch er knallte einfach den Hörer auf. Die Sprachlosigkeit zwischen uns hatte endgültig den Sieg errungen.

Wir sahen uns dann erst wieder bei der Beerdigung, sprachen aber kein Wort miteinander. Von unserer einstigen Liebe hatten wir und das Leben nichts mehr übrig gelassen.

Die Beerdigung fand im engsten Kreis statt, ein trüber, regnerischer Tag, obwohl es mitten im Sommer war. Und dann tauchte meine Schwiegermutter auf, mit einem überdimensionierten Kranz. Mich würdigte sie keines Blickes. Nach seiner Geburt bis zu seinem Tod hatte sie sich kaum für ihn interessiert, aber jetzt, wo er tot war, machte sie ein Riesen-Tamtam. *Für meinen geliebten Enkel! Deine Oma!*, stand auf dem Kranz. Mich verletzte und kränkte diese Situation sehr.

Ich kann die Dunkelheit, die mich nach dem Tod von Daniel umfing, nicht in Worte fassen. Sie verschlang mich einfach wie ein wildes Tier.

Mein Mann versuchte später noch einmal, Kontakt zu mir aufzunehmen, indem er Geschenke für meine Tochter Bianca vor die Tür legte und sich dann bei mir beschwerte, weil sie sich nicht bei ihm bedankte. Sein Verhalten war befremdlich. Ich verstand nicht, wie er immer noch an seinem gekränkten Stolz festhalten konnte angesichts der Tragödie, die unsere Familie heimgesucht hatte.

Es hat ihn unglaublich getroffen, dass ich ihn verlassen habe, das war ein Schlag gegen seine Ehre, den er nie wirklich verwunden hat, auch wenn er sich anfangs immer bemüht hat, ein liebevoller Vater zu sein.

Trotzdem musste ich hart darum kämpfen, dass er für unseren Unterhalt bezahlte. Der Kontakt zu ihm riss ab, was für meine Tochter auch nicht einfach war, aber sie hatte zum Glück meinen Stiefvater, zu dem sie seit ihrer Geburt eine ganz enge Bindung hatte.

Der Tod meines Sohnes Daniel sorgte bei mir für heftige psychische Probleme. Die Dunkelheit legte sich wie ein schwarzer Mantel über meine Schultern und verdeckte alles Licht in dieser Welt. Die Welt drehte sich weiter, es wurde Spätsommer und schließlich Herbst und ich wollte der Zeit verbieten, zu vergehen, sich weiter zu drehen. Ich zerbrach fast an dem Schmerz.

Ich hatte immer noch Kontakt zu der Pastorin, die damals die Nottaufe bei meiner Tochter vorgenommen hatte. Sie hatte eine sehr einfühlsame Art und die Gespräche mit ihr halfen mir sehr. Sie hatte auch meinen Sohn getauft und ihn beerdigt. Sie war für mich eine ganz wichtige Person in jener Zeit, die mir u. a. sagte, dass Trauer keinen Regeln folge, dass ich auch nach 20, 30 oder 50 Jahren noch trauern dürfe.

Ein Arzt verschrieb mir Psychopharmaka, weil ich es einfach nicht mehr aushielt, doch die verbesserten meinen Kummer auch nicht wirklich – ganz im Gegenteil.

Eines Nachts hatte ich einen schrecklichen Albtraum. An die Details kann ich mich nicht mehr erinnern, nur dass ich schweißgebadet und schreiend aufwachte. Da wohnte ich schon in meiner eigenen Wohnung und nicht mehr bei meiner Oma, das war also schon einige Monate nach dem Tod des Sohnes.

Ich ging wie umnebelt in meine kleine Küche, an den Küchenschrank und nahm ein Messer heraus. Ich hatte einen Blackout, ich dachte, ich tue es, ich bringe erst meine Tochter um und dann mich, ich halte diesen ganzen Schmerz jetzt einfach nicht mehr aus.

Das war der absolute Tiefpunkt. Eine solche innere Schwärze kann man sich überhaupt nicht vorstellen, wenn man sie nicht selbst erlebt hat, die dunkelste Nacht der Seele.

Doch tief in mir gab es eine Stimme, die sagte: »Tu es nicht! Wer gibt dir das Recht, das Leben deines Kindes zu beenden?«

Außerdem kam der Gedanke: Wenn ich nur mich jetzt töte, wer kümmert sich dann um dieses kleine Geschöpf?

Ich rief meine Mutter an. Sie wohnte nicht weit weg. Ich erzählte ihr, was passiert war, und irgendwie hoffte ich, dass sie mir helfen könnte, zu mir kommen, mich in den Arm nehmen und mich trösten würde, aber sie sagte nur: »Es wird schon alles wieder gut.« Sie dachte wohl, dass ich es nicht ernst meinte. Sie sagte lauter Sachen, die Menschen dann sagen, wie »Die Zeit heilt alle Wunden«, aber ich wollte nur, dass sie zu mir kam und mir half und das tat sie nicht. Ich war ganz alleine. Ich war vollkommen überfordert, es war mitten in der Nacht, stockdunkel. Nie zuvor und nie danach war das Leben so finster wie in jenem Moment und heute weiß ich, dass diese Stimme, die mich davon abhielt, mich selbst zu töten, nicht aus mir selbst kam, sondern aus höheren Sphären. Das war mein Schutzengel, das Universum oder möglicherweise Gott selbst.

Ich tat es nicht. Ich legte das Messer wieder weg und ging zurück in mein Bett und am nächsten Morgen warf ich alle Psychopharmaka weg. Ich nahm nie wieder welche. Heute weiß ich, dass ich von einer höheren Macht gehalten und beschützt wurde.

Es dauerte lange, bis ich meiner Mutter das verzeihen konnte. Aber heute weiß ich, dass sie nicht anders handeln konnte, denn sie war mit der Situation völlig überfordert.

Nach diesem Tiefpunkt gab es in mir immer diese Stimme, die mir sagte, dass es weitergeht, irgendwie und es ging weiter, auch wenn ich im Rückblick nicht weiß, woher ich die Kraft nahm.

Ich fand einen Job im Verkauf, später als Sekretärin im öffentlichen Dienst und langsam, ganz langsam, kämpfte ich mich aus der Dunkelheit zurück an das Licht.

Meinen ersten Mann Torsten sah ich nie wieder. Vor einigen Jahren hatte ich die Intuition, ihm einen Brief zu schreiben, doch etwas hielt mich davon ab, ihn abzuschicken. Dann traf ich durch Zufall einen gemeinsamen Bekannten, der mir riet, es nicht zu tun.

»Er hat sich nicht verändert«, sagte er mir. »Er ist noch genauso wie früher. Es würde nichts bringen, wenn du ihm schreibst.«

Da ließ ich es bleiben, auch wenn es mich schmerzte. Unsere gemeinsame Geschichte, unsere Ehe, der schwere Verlust, den wir beide erlitten und den wir nie aufgearbeitet haben, sind wie ein loses Ende in unserem Leben.

Vor einem Jahr dann schrieb ich ihm dennoch einen Brief, erhielt aber nie eine Antwort. Für mich war das eine Befreiung, denn ich habe für mich das Thema abgeschlossen.

Unmittelbar nach dem Tod meines Sohnes, also mit nicht einmal 30, begannen meine heftigen Probleme mit dem Unterleib.

Es fing erst relativ harmlos an, dass ich eine Zyste am Eierstock hatte, die medikamentös weggemacht wurde. Dann folgte, dass eine weitere Zyste operativ entfernt werden musste. Es ging praktisch ab dem Zeitpunkt, an dem ich zum ersten Mal im Krankenhaus war, ein jährlicher Zyklus los, der mich jedes Jahr einmal fast zur gleichen Zeit ins Krankenhaus brachte. Wegen einer festgestellten Endometriose musste die Gebärmutter entfernt werden. Als Nächstes wurde ein Teil vom rechten Eierstock rausgenommen, anschließend war eine Zyste am linken Eierstock, so dass dieser zur Hälfte entfernt werden musste.

Da war ich 36. Es ging mir echt nicht gut. Ich hatte Schmerzen beim Geschlechtsverkehr, ich hatte andauernd Blutungen. Es war wirklich heftig.

Beim letzten Klinikaufenthalt, als es dann um den hälftigen linken Eierstock ging, sagte ich: »Bitte nehmt ihn ganz weg.«

Die Ärzte sagten: »Sie sind noch zu jung. Nein, das können wir nicht tun, weil Sie dann bereits in die Wechseljahre mit all ihren Problemen, wie Schweißausbrüche, Depressive Phasen, Trockenheit der Scheide oder, oder, oder, kommen.«

Es klang sehr negativ, doch mir war es gleichgültig. Trotzdem machte diese Negativität etwas mit mir. Ich wurde depressiv. Damals wusste ich noch nichts von der Kraft des Positiven Denkens.

Ich verstand nicht, wieso das mit meinem Körper geschah. Andere Frauen bekamen in meinem Alter noch Kinder, ich hingegen sah den verfrühten Wechseljahren entgegen und hatte nur Probleme. Mein gesamter Unterleib rebellierte auf das Allerheftigste. Aber wogegen? Das verstand ich damals nicht. Erst im Laufe meiner spirituellen Reise fand ich heraus, wie das alles zusammenhing: Meine Unterleibsprobleme waren eine Art Schutz. Ich wollte keine Kinder mehr bekommen, um nie wieder einen so schmerzlichen Verlust erleiden zu müssen. Zwei Kinder hatte ich beerdigen müssen, das war mehr, als irgendeine Mutter ertragen sollte. Deshalb erfüllte mich die Aussicht auf die verfrühten Wechseljahre auch nicht mit Angst, ich war einfach froh, dass es dann vorbei war. Meine unbewusste Angst vor einem erneuten Verlust saß viel tiefer, auch wenn mir das damals gar nicht klar war.

Ich wusste damals noch sehr wenig über mich, über mein Seelenleben und über spirituelle Zusammenhänge, ich hatte höchstens eine Ahnung.

Manchmal möchte ich in der Zeit zurückreisen und die junge, sehr verletzte Frau, die ich damals war, in den Arm schließen und ihr sagen: »Alles ist gut. Nichts geschieht ohne Grund. Alles, was passiert, hat einen tieferen Sinn. Du wirst ihn irgendwann verstehen und dann beginnt deine Heilung.«

Noch heute ist es schwer, über jene Zeit zu schreiben. Der Schmerz hat nichts von seinen scharfen Kanten verloren. Jene Persönlichkeit, die ich mir aus dem »so hat man zu sein« zusammengesetzt hatte, war zerschmettert und ich erkannte, dass ich eigentlich über mich selbst gar nichts wusste. Ich schaute in einen entsetzlichen Abgrund. Wenn ich heute daran denke, dann weiß ich nicht, wie ich das damals überstanden habe, doch ich habe es überlebt. Ich kann mir das nur so erklären, dass wir eben zu jedem Zeitpunkt aus der geistigen Welt geführt und behütet sind. Danach war nichts mehr, wie es war. Mein Mann war weg, nun war ich mit meinen Schuldgefühlen und meiner Trauer allein. Ich wurde krank und all das gehörte zusammen. Heute erkenne ich, dass mir all das überhaupt erst die Kraft gab, meine Seelenaufgabe zu meistern. Am tiefsten Punkt der Dunkelheit entwickelte meine Seele so etwas wie Superkräfte. Krise und seelisches Wachstum gehören zusammen. Jedes Trauma hat das Potenzial, uns von Grund auf zu verändern, wenn wir bereit sind, uns ihm zu stellen. Der persische Mystiker Rumi schrieb dazu einst: »Eine Wunde ist der Ort, an dem das Licht einfällt.« Für mich ist dieses Licht nichts weniger als die allgegenwärtige, göttliche Liebe, die die Essenz und Heimat unserer Seele ist. Jede seelische Verletzung, die wir erleiden, ermöglicht es uns, uns dieser Liebe näher zu fühlen. Anders ausgedrückt: Nirgendwo fühlen wir uns dem Licht mehr verbunden, als wenn wir von Dunkelheit umgeben sind.

V. Zurück ins Licht

Das Erstaunliche am Leben ist, dass es immer weitergeht, selbst, wenn man eigentlich nicht daran glaubt.

Meine erstgeborene Tochter Bianca entwickelte sich ganz prächtig, war gut in der Schule und ich war sehr stolz auf sie. Wir lebten in einer netten Wohnung und unternahmen viel miteinander.

Mein neuer Job machte mir viel Freude und wir kamen gut über die Runden, auch, weil mich meine Mutter und meine Oma bei der Betreuung unterstützten.

Mein Stiefvater arbeitete als Busfahrer. Schon als Kind fuhr ich manchmal bei ihm mit, jedenfalls waren Busfahrer für mich positiv besetzt.

Auf meiner Strecke nach Hause von der Arbeit begegnete ich einem Busfahrer wieder (Heinz), für den ich als junges Mädchen einmal geschwärmt hatte. Das war etwa ein oder zwei Jahre nach dem Tod meines Sohnes, irgendwie so um 1991 herum. Irgendwann tauschten wir Telefonnummern aus. Ich mochte seine Augen, von denen ging etwas sehr Liebes aus. Wir unterhielten uns und stellten fest: Wir sind beide geschieden. Eigentlich könnten wir uns doch einmal treffen, oder? Also verabredeten wir uns zu einem Abendessen. Er war viele Jahre älter als ich, sogar älter als meine Mutter. Im Nachhinein kann ich erkennen, dass in dieser Sehnsucht nach einem älteren Mann auch der Wunsch nach einem Vaterersatz steckt, der Wunsch, von meinem eigenen Vater geliebt zu werden, Nähe zu erfahren.

Er holte mich mit seinem blauen Golf ab und wir fuhren nach Celle, wo wir durch die Stadt schlenderten und über unsere Vergangenheit redeten, anschließend aßen wir beim Chinesen. Er hatte eine Tochter – und auch ein Kind verloren. Das verband uns von Anfang an. Auch er konnte mit seiner Frau nicht reden, er beschrieb sie als eine eiskalte Narzisstin. Er hat mir erzählt, dass sie angeblich in einen Instanttee eine Art »Gift« untergemischt hatte, das ihn impotent machen sollte. Im Rückblick kann ich nicht fassen, dass ich das damals alles glaubte, aber das tat ich.

Ich trug ganz zwanglos Jeans und Pulli und ich spürte gleich: Ich war in diesen Mann verliebt und ich nahm auch wahr: Er genoss es, eine so viel jüngere Frau an seiner Seite zu haben.

Zwischen uns knisterte es und es gab einen klassischen Kuss zum Abschied.

Insgesamt waren Heinz und ich 5 Jahre ein Paar, mit vielen Aufs und Abs. Auch er neigte zur Eifersucht und nach einer Weile wurde deutlich, dass er auf pathologische Weise psychisch krank wurde.

Ich zog bei ihm ein, doch seine Eifersucht machte es auf Dauer unmöglich, dass wir zusammenwohnten. Er unterstellte mir Affären mit Kollegen, er spionierte mir hinterher und verhielt sich zunehmend irrational.

Er steigerte sich in Fantasien hinein, etwa, dass eine Bekannte ihren Mann umgebracht hätte. Er konnte so bildhaft erzählen, dass man sich mitreißen ließ und ihm alles glaubte.

Seine Psyche war wie vergiftet und das merkte man auch seinem Haus an. Über dem Haus lag eine düstere Atmosphäre. Unten im Haus wohnte seine Mutter, die immer noch seiner Ex-Frau nachtrauerte und mich, die deutlich jüngere Frau, nie akzeptierte.

Sie war eifersüchtig auf mich, das fing schon bei der Frage an, wer seine Hemden bügelte. Auch tauchte sie zu jeder Gelegenheit unangekündigt bei uns im Wohnzimmer auf und sah mit uns fern. Das war schon sehr seltsam. Zwischen ihr und mir gab es eine Menge Konflikte.

Irgendwann wurde sie krank und kam ins Krankenhaus. Es war klar, dass sie bald sterben würde. Wir besuchten sie mehrmals und da gab es diesen einen Moment, in dem ich allein mit ihr war. Da berührte ich ihre Hand und wir sahen uns an und auf einmal war da zwischen uns nichts als Frieden und Liebe. Wir vergaben uns gegenseitig und kurz darauf verstarb sie. Das war ein ganz besonderer Augenblick, der mir einmal mehr zeigte, dass es an der

Schwelle zwischen Leben und Tod mehr zu erfahren gibt, als wir gemeinhin wissen.

Kurz nach ihrem Tod setzten bei Heinz weitere heftige psychische Probleme ein. Er behauptete, ich hätte seine Mutter auf dem Gewissen und meine Kinder umgebracht. Es war sehr dramatisch.

Doch zu diesem Zeitpunkt war ich blind vor Liebe. Dieser Mann war meine große Liebe. Meinen ersten Ehemann Torsten hatte ich sehr gern gehabt, doch bei diesem Mann, das war Herzklopfen pur, das war das ganz große Gefühl. Ich konnte mich einfach nicht von ihm trennen und mir fehlte es damals auch an der Erfahrung, klar zu erkennen, dass mit ihm etwas nicht stimmte.

Ich zog aus, ich zog wieder ein, zwischen uns entwickelte sich eine regelrechte Hassliebe.

Dann kam der Urlaub auf Malta. Wir waren kurz davor zu heiraten. Die Wahrheit ist: Ich wäre wahnsinnig gerne seine Frau geworden. Wir hatten einen sehr intensiven und fröhlichen Tag mit einer wunderschönen Wanderung hinter uns. Am Abend auf einmal, wie von Sinnen, warf er mir vor, eine Affäre mit meinem Kollegen Michael zu haben.

Ich stand unter Schock und dennoch konnte ich diesen Mann nicht loslassen, ich wollte ihn retten, ihn von seinen Dämonen befreien, ihn umpolen, ich wollte, dass er mich endlich ganz und gar liebte, so sehr, dass alle Dunkelheit aus ihm wich.

Was ich damals nicht verstand, war, dass diejenige, die wirklich gerettet werden musste, ich war, und nicht er und dass man andere Menschen ohnehin nicht retten kann.

Jedenfalls verstand ich die Welt nicht mehr. Gerade hatten wir einen wunderbaren, harmonischen Tag gehabt und jetzt warf er mir Untreue vor.

»Was für ein Michael?«, fragte ich.

»Na, dein Kollege, Michael, der vom Betriebsrat. Du warst doch mit deiner Firma letztes Wochenende auf dem Seminar und als ich dich nachts anrief, da warst du nicht auf deinem Zimmer.«

»Was?« In meinen Ohren begann es zu dröhnen. »Ich habe mit diesem Michael nichts zu tun, du steigerst dich gerade in etwas hinein.«

»Ich habe versucht, dich anzurufen«, sagte er und sein Blick wurde ganz starr.

»Dann warst du es, der ständig angerufen und wieder aufgelegt hast?«, fragte ich.

»Du bist doch gar nicht rangegangen«, sagte er.

Sofort begann ich, mich zu rechtfertigen, obwohl die Situation vollkommen absurd war.

Solche Situationen wiederholten sich ständig. Wir wohnten in einem kleinen, ländlichen Ort und dort befand sich die Endstation von einer Buslinie, der er oft fuhr.

An Silvester hatte er Nachtschicht und sagte, er käme dann nachts in seiner Pause mit dem Bus vorbei, damit wir kurz anstoßen konnten. Ich saß also da und wartete. Wer nicht kam, das war Heinz.

Irgendwann ging ich ins Bett. Vorher war tatsächlich monatelang Ruhe bezüglich der Eifersucht gewesen.

Am nächsten Morgen ging es los.

»Du hattest Besuch?«

»Was?«

»Ja, ich habe doch gesehen, dass das Auto vor dem Haus stand.«

»Wessen Auto?«

»Das Auto von diesem Michael.«

»Ich weiß doch gar nicht, was der für ein Auto hat. Fang doch nicht wieder an zu spinnen. Denkst du wirklich, wenn ich einen Liebhaber hätte, würde ich den hier nach Hause einladen?« Seine vollkommen irrationale Eifersucht machte mich irgendwann auch wütend.

»Ich habe das Auto gesehen und deshalb bin ich nicht reingekommen«, verkündete Heinz. »Übrigens verfolgt mich dein Michael, wenn ich Bus fahre, mit dem Auto.«

Was auch seltsam an Heinz war, waren seine »Streiche«, über die allerdings niemand lachen konnte. So legte er meiner Tochter Bianca einmal einen Regenwurm in das Bett. Sie ekelte sich so sehr, dass sie eine regelrechte Phobie vor Regenwürmern bekam.

Einmal hat er ihr den Hintern verhauen, das war während eines Urlaubs, als sie sich total daneben benahm, da war ich dabei. Das hat meine Tochter bis heute nicht vergessen. Erst heute sehe ich das aus einer anderen Perspektive, als eine totale Übergriffigkeit.

Heinz wurde mehr und mehr paranoid.

Ich habe so eine »Marotte«. Wenn ich Kaffee trinke, gebe ich immer noch einen Schluck heißes Wasser darauf, weil er mir andernfalls oft zu stark ist.

Wenn Heinz bei mir Kaffee trank, dann schaute er mich misstrauisch an und sagte: »Hast du mir da jetzt wieder Gift reingetan? Weißt du, immer wenn ich bei dir Kaffee trinke, fühle ich mich danach schlecht.«

Meine Mutter machte sich große Sorgen um mich. »Wenn er dir so etwas zutraut, wer weiß, zu was er dann im Stande ist.«

Letztlich gelang es mir, nach vielen On und Offs, diese Beziehung zu beenden, ein Befreiungsschlag, auch wenn er mir sehr schwerfiel, denn mein Herz hing wirklich an Heinz.

Erst später hatte ich Gelegenheit, mit seiner Schwester zu sprechen. Heinz verfiel später dem Jugendwahn. Er kaufte sich einen Sportwagen, verkaufte sein Haus und zog in den Norden. Ich habe die Vermutung, dass ihm der Altersunterschied zwischen uns zu schaffen machte.

Seine Schwester erzählte mir, dass sich seine psychischen Schwierigkeiten in eine regelrechte Persönlichkeitsspaltung hineinsteigerten. Niemand kam an ihn heran.

Letztlich kann ich im Rückblick erkennen, dass auch die Erfahrung mit Heinz zu etwas gut war. Ich durfte, wie bei allen Erfahrungen, sehr viel lernen und ich war nie in der Opferrolle. Unsere Beziehung war von Anfang an zum Scheitern verurteilt – aufgrund des großen Altersunterschiedes und aufgrund von Eifersucht und Misstrauen. Im Nachhinein stellte sich heraus, dass er eine Psychose hatte.

Auch hier hat sich mein Vaterkomplex gezeigt, ich war in dieser Zeit nicht ich selbst, ich war abhängig von diesem Mann. Ich hätte alles für ihn getan. Für meine Tochter Bianca war diese Zeit nicht so toll, denn dieser Mann hat versucht, den Vater rauszukehren und sie zu erziehen.

Das Ende meiner Beziehung von Heinz fiel mit meiner letzten Unterleibsoperation zusammen. Da nahm ich tatsächlich auch eine Weile Hormone, aber irgendwann entschied ich für mich, dass das einfach nicht das Richtige für mich war, und es zeigte sich, dass ich keinerlei Probleme hatte. Keine der negativen Prognosen der Ärzte trat ein.

Etwa anderthalb Jahre nach meiner Trennung von Heinz ging ich regelmäßig mit einer Freundin zum Tanzen. Ich war ja erst Anfang 30 und dachte: Na ja, vielleicht lerne ich noch einmal jemanden kennen.

Tatsächlich lernte meine Freundin beim Tanzen jemanden kennen, aber ich hatte da weniger Glück.

Vielleicht war ich auch einfach nur ein sehr gebranntes Kind nach allem, was ich erlebt hatte.

Schließlich gab ich eine Zeitungsanzeige auf und lernte 1996 meinen zweiten Ehemann, der Michael heißt, kennen.

Auf meine Anzeige folgte eine Flut von Briefen. Abends saß ich auf dem Sofa und ging die Briefe samt den Fotos durch. Fast war ich dabei, den Mut zu verlieren. Es war einfach niemand dabei. Eigentlich hatte ich das Alter auf maximal 15 Jahre über mir begrenzt. Und dann stieß ich auf einen Brief, der war von einem Mann namens Michael, der war nicht 15, sondern 22 Jahre älter. Das fand ich frech! Aber er schrieb unheimlich nett und deshalb rief ich ihn an.

Er lebte mit seinem Sohn Sven zusammen, der für mein weiteres Leben noch eine ganz besondere Bedeutung haben sollte. Damals war Sven 21.

Er war es auch, der an das Telefon ging, als ich das erste Mal bei Michael anrief.

»Ja?«

»Ja, ich wollte gerne mit Herrn … sprechen.«

»Der ist nicht da«, antwortete er in einer unfreundlichen, unwirschen Art.

Okay, dachte ich, was bist du denn für einer? Der ist aber unfreundlich.

»Wann ist er denn wieder da?«

»Weiß ich nicht.«

»In Ordnung, dann rufe ich später noch einmal an.«

Im Nachhinein lachten wir noch oft über diese erste Begegnung.

Irgendwann erreichte ich ihn dann doch und es war ein nettes Gespräch. Wir verabredeten uns, allerdings dauerte es drei Anläufe, bis es tatsächlich zu einem Treffen kam, weil ich immer wieder absagte. Ich war tatsächlich ein gebranntes Kind.

Nach anderthalb Stunden verließ ich das erste Date mit einer Notlüge. Nach all dem, was mit Heinz geschehen war, hatte ich panische Angst davor, dass mir jemand zu schnell zu nahe kommen würde.

Gleichzeitig hatte ich das Gefühl, damit einen Fehler zu begehen, denn da war von Anfang an dieses wohlig-warme Gefühl der Vertrautheit, das ich in dieser Form noch nie bei jemandem gespürt hatte. Er wirkte sehr zuverlässig, von ihm ging eine große Ruhe aus.

Heute weiß ich: Michael ist mein Seelenpartner. Wir haben schon viele Leben miteinander verbracht. Er und ich, wir gehören zusammen.

Unser erstes Treffen war im April und meine Tochter fuhr über Ostern mit meinen Eltern in den Bayerischen Wald. Ich wollte zu Karfreitag mit dem Zug nachkommen.

An Gründonnerstag trafen wir uns wieder und diesmal hatte ich der Anziehungskraft zwischen uns nichts mehr entgegenzusetzen. Ich nahm ihn mit nach Hause, obwohl das eigentlich gar nicht meine Art ist. Wir hatten eine wunderbare Nacht miteinander und am nächsten Tag brachte er mich zum Zug. Ich schwebte wie auf Wolken und dachte: Ich vermisse ihn jetzt schon.

Ich erzählte meiner Mutter von ihm und sagte: »Ich möchte am liebsten, dass er hierher kommt.«

»Du bist verrückt, übertreib mal nicht, Du hast ihn doch gerade erst kennengelernt«, sagte sie.

Wir trafen uns weiter und das schöne Gefühl zwischen uns wurde immer intensiver. Er war es auch, der mir zeigte, was Positives Denken ist. Auch in seinem Leben gab es viele Widrigkeiten, er hatte auch schon einige Krisen überwunden und das schuf Gemeinsamkeiten. Wir erzählten uns alles, legten alles offen. Er hatte ein Geschäft »an die Wand gefahren«, wie er es ausdrückte, hatte lange die Schuld für seine Probleme im Außen gesucht, bevor er erkannte, dass die Opferrolle ihm nicht weiterhalf. Das beeindruckte mich sehr und darin erkannte ich mich auch selbst wieder. Durch seine persönliche Weiterentwicklung ging seine Ehe in die Brüche. Seine Frau war emotional eher unerreichbar, worunter auch Sven, sein Sohn, immer sehr gelitten hat.

Wir gingen essen und zwischen uns war es immer harmonisch. Wir kamen uns näher und das fühlte sich sehr natürlich an.

Meine Tochter Bianca ließ ich erst einmal außen vor und parkte sie während unserer Treffen bei meinen Eltern.

Unsere Beziehung entwickelte sich und gewann an Tiefe, auch wenn sie durchaus ihre eigenen Hürden zu überwinden hatte.

Etwa ein Jahr nach unserem ersten Treffen »verliebte« ich mich in einen anderen Mann. Sein Name war Achim und wir kannten uns von der Arbeit. Zwischen ihm und mir war nie etwas, aber ich – typisch für meine emotionale Seite – ließ mich von meinen Gefühlen mitreißen –, als mir Achim am Telefon auch seine Gefühle gestand. Es war echt »verrückt«, denn Achim und ich hatten nie ein Date oder Ähnliches, da war nur auf einmal dieses intensive Gefühl des sich hingezogen seins. Ich hatte den Impuls, Michael verlassen zu müssen.

Doch Michael ließ mich nicht gehen. Bei einem klärenden Gespräch fiel er auf die Knie und sagte mir, wie sehr er mich liebte und dass ich ihn bitte nicht verlassen solle. Da wusste ich intuitiv: Für mich gibt es kein Leben ohne Michael. Das Paradoxe daran war, dass ich SOFORT und ohne zu überlegen, wusste, ich bleibe bei Michael. Die zarten Gefühle für Achim waren wie verflogen. In dem Moment war mir klar, es gibt keine Zufälle.

Über diese Situation haben wir im Nachhinein noch oft gesprochen.

Ich lernte, ihn anzunehmen und zu lieben, wie er ist, auch wenn er seine Gefühle nicht so zeigen kann, wie ich es mir wünsche. Er steht immer zu mir. Er würde mich nie in irgendeiner Form schädigen oder mir weh tun. Absolutes Vertrauen. Ich durfte von und mit ihm auch in sexueller Hinsicht vieles kennenlernen und ausprobieren, so waren wir zeitweise auch mal in Swingerclubs, aber immer gemeinsam, es lief nie irgendwas getrennt mit anderen Personen. Ausprobieren, gut oder nicht gut finden, egal wie, er steht zu mir und akzeptiert meine Entscheidungen. Das nimmt er alles hin, akzeptiert das und freut sich, dass wir zusammen sind. Das ist wirklich eine Seelenverwandtschaft. Unglaublich.

Nach zwei Jahren in getrennten Wohnungen zogen meine Tochter und ich bei Michael ein und Sven in eine eigene Wohnung, sodass meine Tochter das Zimmer von Sven haben konnte.

Michael verhielt sich meiner Tochter gegenüber wie ein väterlicher Freund und hat nicht versucht, sie zu erziehen. Wenn es Probleme gab, sprachen wir darüber und ich klärte das dann mit meiner Tochter.

Michael war es, der mich inspirierte, mich auch spirituell weiterzuentwickeln und mich mit Positivem Denken zu beschäftigen. Durch ihn lernte ich: Es gibt da noch viel mehr. In meiner Familie gab es da eher wenig Impulse. Wo komme ich her, warum bin ich hier, was sagen mir meine Erfahrungen? Wer bin ich eigentlich? Es war, als ob sich mein Ich regelrecht ausdehnte und ich immer mehr in die Tiefe ging und anfing, meine Erfahrungen ganz neu zu verarbeiten.

Zu Michaels Sohn Sven baute sich über die Jahre eine besondere, innige Verbindung auf.

Ich erinnere mich noch daran, als ich die erste Nacht bei meinem Mann verbrachte, wachte ich am nächsten Morgen auf und wunderte mich darüber, dass die Kaffeemaschine lief. Ich fragte mich, wer da war. Dann hörte ich die Haustür in das Schloss fallen. Es war sein Sohn Sven, der für uns schon einen Kaffee aufgesetzt hatte. Er hat mir viel später mal gesagt, dass, wenn sein Vater mal eine Frau über Nacht mit nach Hause bringt, dann müsse sie schon was Besonderes sein.

Am Nachmittag war ich immer noch da, als er nach Hause kam. Er kam herein und sagte: »Guten Tag, Madame!«

Und verbeugte sich vor mir.

Ich sagte: »Hallo, ich bin die Kerstin.« Das war unser Kennenlernen.

Unsere Beziehung entwickelte sich ganz langsam. Er hatte eine eher schroffe Art, seine Liebe zu zeigen, was auch an seiner Kindheit lag. Sven hatte ein schwieriges Verhältnis zu seiner Mutter. Darüber sprechen wollte er nie wirklich, aber je besser ich ihn kennenlernte, umso deutlicher hatte ich das Gefühl, dass sie ihm schon sehr früh sein kleines Kinderherz gebrochen hatte und dass es eigentlich nie wieder wirklich heil geworden war.

Ich wurde im Laufe der Zeit zu seiner Ersatzmutter, doch es ist bezeichnend, dass Sven nie selbst eine Familie gründete und letzten Endes an einem Herzinfarkt sterben sollte, so als sei sein Herz von Beginn seines Lebens an einfach zu sehr beschädigt worden von der mangelnden Liebe seiner Mutter.

Mit mir machte er manchmal derbe Witze, etwa schenkte er mir eine Geburtstagskarte, auf der stand: *Es wäre besser, wenn deine*

Mutter die Pille vergessen hätte. Normalerweise kann ich mit solchen Menschen gar nicht so gut umgehen, doch mit Sven war es anders. Zwischen ihm und mir gab es eine Herzenssprache. Wir verstanden einander.

Einmal lag ich wegen meiner Gallenblase im Krankenhaus, da rief er mich an und sagte: »Du solltest mal lieber arbeiten gehen und nicht im Krankenhaus faul rumliegen.«

Ich darauf: »Ja, vielen Dank, schön, dass du dich meldest und an mich denkst.«

Er war sehr in sich gekehrt und ließ niemanden an sich heran, doch bei mir war es anders. Er hatte einen Schutzwall um sich herum aufgebaut, aber ich spürte von Anfang an, dass dahinter eine ganz sensible und auch sehr verletzte Seele war.

Schon sein Start in das Leben war sehr schwierig gewesen. Nach der Geburt musste er für sechs Wochen auf die Intensivstation, weil er Mangelerscheinungen hatte. Seine Mutter hat sich nie wirklich um ihn gekümmert, zumindest ist das meine Analyse. Mein Mann und auch Sven sprachen nie wirklich darüber. Mein Gefühl ist, dass da auch noch mehr geschehen ist, dass der kleine Sven viel zu erleiden hatte und dass er vor allem von seiner Mutter nie die Liebe erhalten hat, die ein Kind braucht, um sich gut zu entwickeln und mit Wurzeln der Liebe in dieses Leben zu starten.

Seine Mutter lehnte ihn schon während der Schwangerschaft ab, es muss auch später immer wieder zu dramatischen Szenen gekommen sein, weil sie mit Sven nicht zurechtkam oder zurechtkommen wollte. Sven störte sie und natürlich rebellierte Sven irgendwann dagegen, sperrte seine eigene Mutter ein, wurde wütend und erfuhr so nur noch mehr Ablehnung, ein trauriger Kreislauf aus Leid, der ihn tief prägte.

Er kam in psychologische Behandlung, wurde regelrecht pathologisiert, was ihn immer tiefer in die Isolation trieb, dann war er sogar eine Zeitlang in einem Kinderheim, entwickelte Probleme beim Lernen. Mir gegenüber äußerte er später ein paar Mal, wie sehr er seine Mutter hasste. Auch das Verhältnis zu seinem Vater wurde davon in Mitleidenschaft gezogen, weil sich Sven gewünscht hatte, dass sein Vater ihn beschützte.

Was sich bei Sven durch den psychischen und emotionalen Missbrauch und die Vernachlässigung einprägte, war ein Gefühl der Wertlosigkeit – niemand liebt mich! Er war sein Leben lang sehr misstrauisch und vorsichtig und gleichzeitig konnte ich von Anfang an dieses Kind in ihm mit der großen Sehnsucht, geliebt zu werden, erkennen und dieses Kind ging in Resonanz mit der kleinen Kerstin in mir, die den gleichen Wunsch in sich trug: endlich geliebt zu werden.

Über 20 Jahre hinweg baute sich zwischen uns eine innige Beziehung auf, erst eine Freundschaft, dann ein immer engeres Verhältnis. Als er später in Hamburg lebte, fuhren wir ihn oft besuchen und verbrachten wunderbare Tage zusammen. Ich hatte bei ihm eine Jogginghose und ein Nachthemd deponiert, das er mir immer frisch bügelte und bei unseren Besuchen hinlegte. Er dachte immer an mich, schenkte mir kleine Aufmerksamkeiten. Mit allem, was er tat, zeigte er mir, wie sehr er mich liebte, suchte auch den körperlichen Kontakt zu mir, indem er meine Hand hielt, mich umarmte, ganz nah bei mir saß. Er zeigte uns Hamburg, ging mit uns in den Cirque de Soleil oder, als er noch in Frankfurt wohnte, in den »Tigerpalast«.

Ich konnte über alles mit ihm reden und hatte den Eindruck, dass er mir wahrhaft zuhörte. Er war vollkommen bei mir, mit seinem ganzen Herzen, das er mir ohne Vorbehalt öffnete. Es ist ein großes Geschenk, ein so verletztes Herz geöffnet zu bekommen und genau als das erlebte ich es auch.

Er ist ein Teil von mir und ich spüre, uns verbindet mehr als nur dieses Leben.

Er griff uns auch finanziell unter die Arme, wenn Not am Mann war. Mein Mann bekommt nur eine relativ kleine Rente und als meine Tochter heiratete, war es mein Wunsch, ihr das Brautkleid zu schenken. Sven lieh mir das Geld. Er war immer für uns da.

Ich konnte ihn auch in das Vertrauen ziehen, wenn ich mich mit seinem Vater stritt, er ergriff nie Partei, sondern war immer voller Verständnis. Er war mein bester Freund, mein engster Vertrauter – mein Seelenverwandter auf einer ganz tiefen Ebene.

Wie sehr hat er sich nach einer Partnerin gesehnt, die ihn liebt und der er ihr seine Liebe und Fürsorge hätte geben wollen. Doch das ist ihm verwehrt geblieben. Manchmal, wenn wir gemütlich zusammen einen über den Durst getrunken hatten, sagte er einmal: »So eine wie dich, die möchte ich haben, aber man kann dich leider nicht klonen.«

Das war die schönste Liebeserklärung, die ich je in meinem Leben gehört habe. Ich habe ihm den Glauben, dass es liebevolle, verständnisvolle und zuverlässige Mütter/Frauen gibt, gegeben. So sagte er es mir und hat es mich immer auch so spüren lassen. Er ist einer der wenigen Menschen in meinem Leben, der sich auch in Bezug auf Geschenke z. B. zum Geburtstag alles immer gemerkt hat, was man irgendwann mal erwähnt hat, was man gern mal machen oder haben möchte. Er hat dann genau dieses Geschenk gemacht. Genauso wie die Liebe zum Cirque de Soleil z. B: Er rief an und meinte: »Der Circus ist wieder in der Stadt. Ist es recht, wenn ich Karten für uns besorge?« Er war unglaublich aufmerksam und fürsorglich. Ich fühlte mich in dieser neuen Familie angekommen und angenommen und auch wenn unsere gemeinsame Zeit nicht ohne Herausforderungen blieb, so hatte ich doch den Eindruck, dass das Glück mich endlich gefunden hatte.

Schön war auch, dass mich die Mutter von meinem Mann gleich akzeptierte. Es war, als ob sie mir in das Herz sehen konnte. Sie wusste: Ich bin nicht auf sein Geld aus. Mir geht es um ihn. Sie war eine richtige Lady. Leider verstarb sie 1999.

Ich nannte sie ganz intuitiv »Mutti«.

Als sie schon schwer krank war, sagte sie zu mir: »Danke, dass es dich gibt. Ich werde das nicht vergessen. Du weißt vielleicht nicht, dass ich das mitgekriegt habe.«

Ich sagte: »Was meinst du denn?«

»Ja, ich habe doch im Krankenhaus gelegen und da hast du mich besucht.«

Darauf ich: »Ja, ich habe dich öfter besucht.«

»Da gab es eine Situation, da habe ich getan, als würde ich schlafen.« Sie lächelte und ich wusste, was sie meinte. Ich erinnerte mich an die Situation, in der hatte ich mich über sie gebeugt und ihre Stirn ganz zärtlich gestreichelt, das war ganz intuitiv.

»Das hat noch nie ein Mensch mit mir gemacht.« Ihre Augen leuchteten vor Dankbarkeit. »Du hast mir gezeigt, was Gefühle sind.«

Sie war auch eher eine kühle, zurückhaltende Frau. Gefühle zu zeigen, war nicht ihr Ding. Sie gehörte zur Kriegsgeneration, hatte immer funktionieren müssen. Ihr erster Mann war im Krieg gefallen, danach hatte sie wieder geheiratet, doch die Ehe war nicht glücklich gewesen. Er schrieb ihr sogar vor, was sie essen durfte.

Sie starb schließlich im Altenheim und das führte noch einmal zu einer Krise zwischen mir und Michael, weil ich sein Verhalten direkt nach ihrem Tod kalt und unemotional fand.

Es war spät abends, Viertel vor zehn, als sie uns anriefen und sagten, dass sie verstorben war. Ich war bereits ins Bett gegangen, als mein Mann mir die Todesnachricht überbrachte. Ich folgte meinem Impuls aufzustehen und mich anzuziehen.

»Ich will sie noch einmal sehen«, sagte ich.

»Ich nicht«, antwortete er.

Ohne zu Überlegen fuhr ich dann ohne ihn dorthin, verbrachte noch etwa anderthalb Stunden mit ihr, hielt ihre Hand und konnte deutlich spüren, dass sie (ihre Seele) noch da war. Es war wie eine Art Zwiesprache mit ihr.

Dann fuhr ich nach Hause, traurig, aber auch mit einem inneren Frieden.

Am nächsten Tag fand eine Trauerfeier in dem Altenheim statt, an der ich auch teilnahm. Da war ihre Seele schon nicht mehr anwesend, das konnte ich deutlich spüren.

1998 kündigte ich dann von einem Tag auf den anderen meinen Job. Ich hatte eine Ausbildung zur geprüften Sekretärin in der Abendschule gemacht, um mir so eine berufliche Neuorientierung zu schaffen. Ein paar Monate arbeitete ich bei einer Zeitarbeitsfirma und konnte so weitere berufliche Erfahrungen machen. Doch es war Michael, der mich ermutigte, mich als Maklerin zu probieren und so stieg ich in Michaels Maklerunternehmen, welches er gegründet hatte, ein. Es folgten 13 Jahre Selbstständigkeit in der gemeinsamen Immobilienfirma. Und siehe da – ich hatte Erfolg! Ich wuchs regelrecht über mich selbst hinaus. Das war der Startschuss. Wir hatten 10 Mitarbeiter und waren schon eine Größe in Hannover.

Irgendwann kauften wir uns eine Penthouse-Wohnung und expandierten weiter – 20 Mitarbeiter, das war das Ziel. Wir finanzierten 400.000 Euro. Für meinen Mann war das ein wichtiger Schritt.

Ich aber hatte die ganze Zeit ein komisches Bauchgefühl. Es ist schwer, zu erklären, es war eine leise, mahnende Stimme, die mir sagte: »Kerstin, sei vorsichtig!«

Als ich dann das riesige Büro sah, sagte ich zu Michael: »Das ist zu viel!«

Aber er wollte nicht so wirklich auf mich hören. »Mach dir keine Sorgen«, beruhigte er mich. »Ich habe das alles ausgerechnet.«

Ich versuchte, auf ihn einzuwirken, sich das alles gut zu überlegen, aber er wollte nicht auf mich hören. Für ihn war es wichtig, das alles noch einmal in beruflicher Hinsicht zu erreichen.

Als wir in das größere Büro umgezogen waren, fing bei ihm die Angst an, eine innere Angst, aber das gab er mir gegenüber nicht zu.

Aus den 20 Mitarbeitern wurde nichts. Wir bekamen die Plätze nicht voll, aber die Kredite liefen weiter. Wir kamen in das Trudeln, aber mein Mann kümmerte sich allein um die geschäftsmäßigen Dinge, ich verdiente ja mein eigenes Geld. So bekam ich das nicht alles mit, doch irgendwann, das war 2014, fehlte das Geld für die Miete des Büros. Da wusste ich: Wir stecken in einer großen finanziellen Klemme.

Die Wohnung stand kurz vor der Zwangsversteigerung. Mein Mann hatte den Reflex, den Kopf in den Sand zu stecken, obwohl er eigentlich ein Macher-Typ ist, aber er hat ein Thema aus seiner Kindheit, das dabei wieder hochkam: »Ich habe es wieder nicht hinbekommen.« Das schlug jetzt voll durch und blockierte ihn, während bei mir der Kämpfergeist durchkam. Wir müssen etwas machen.

Sein Stiefvater hatte ihm immer alles abgenommen und gesagt: »Du kriegst das ohnehin nicht geregelt.« Das hat sich in ihm tief eingebrannt.

Mit Ende 60 hatte er jetzt noch einmal ein Geschäft in den Sand gesetzt, das war für ihn eine Katastrophe. In seinem Leben hatte es so manche finanzielle Achterbahn gegeben und er konnte mit dieser erneuten Talfahrt nur ganz schlecht umgehen.

Ich versuchte, einen kühlen Kopf zu bewahren, und nahm Gespräche mit der Bank auf. Ich wusste, wenn wir die Wohnung zum Verkauf anbieten, darf im Grundbuch kein Zwangsversteigerungsvermerk stehen. Wenn der drinsteht, drücken die Käufer den Preis runter. Ich wollte vermeiden, dass wir mit Schulden rausgehen. Dann habe ich mich mit der Bank so geeinigt, dass, wenn wir 15.000 Euro auftreiben könnten, einen Aufschub von drei Monaten bekämen.

Und auch da war Sven, der Sohn meines Mannes, der rettende Engel. Er half uns von jetzt auf gleich. Ich muss dazu sagen, er verdiente wirklich gutes Geld im Bereich IT.

Er lebte eigentlich sehr sparsam, obwohl er mit Geschenken immer sehr großzügig war. Wir konnten die Wohnung dann zu einem guten Preis verkaufen und gingen noch mit einem Plus aus der Sache raus.

Für meinen Mann war das ein echter Tiefschlag, an dem er lange zu knabbern hatte.

Wir zogen in eine kleinere Mietwohnung, in der wir nicht glücklich waren, aber inzwischen wusste ich, dass das Leben beständige

Veränderung ist und dass man sich bestimmte Dinge nur lange genug wünschen muss, damit sie wahr werden.

Mit 52 fand ich dann einen neuen Job bei einer Wohnungsbaugenossenschaft, den ich bis heute ausübe und mit dem ich auch sehr zufrieden bin.

Über diesen Job fand ich 2020 für uns auch eine andere schöne und bezahlbare Wohnung, in der wir heute noch wohnen. Manchmal muss man eben auch Glück haben! Das ist das Auf und Ab des Lebens.

Wir denken oft, dass Heilung etwas Lineares ist, doch das ist eine Illusion. Es gibt keine Heilung ohne Rückschläge. Meine toxische Beziehung zu Heinz war ein Teil meines Heilungsprozesses, in ihr spiegelten sich mein tief verwundetes Inneres und auch mein ungeheiltes inneres Kind. Unsere Seele konfrontiert uns immer nur mit den Themen, die wir auch bearbeiten können. Heinz war das Symptom meiner ungeheilten Vaterbeziehung und meiner mangelnden Liebe zu mir selbst. Später fragte ich mich: Welche seelische Lektion hielt diese Beziehung für mich bereit und warum brauchte ich so lange, um sie zu verstehen? Ich erkannte: Gemäß meiner Seelenaufgabe ging es dabei nicht nur um mich, sondern um alle Frauen in meiner Familie.

VI. Familienbande

1991, als ich noch mit Heinz zusammen war, starb meine von mir heiß geliebte Oma. Sie wollte gerade mit meiner Cousine in die Stadt fahren. Die beiden gingen gemeinsam zur Bushaltestelle, da brach meine Oma zusammen und war sofort tot. Ich erfuhr es erst abends von meiner Mutter, was dafür sorgte, dass ich statt Trauer erst einmal Wut empfand, was ja auch eine Art Schutzreaktion ist, wie ich heute weiß.

Meine Oma war immer für mich da, doch wie bei allen Frauen in meiner Familie war das Zeigen von Gefühlen nicht ihre Stärke. Ich bin da eher die Ausnahme. Ich nehme sehr genau wahr, was in Menschen passiert, das ist so eine Herzfrequenz und ich reagiere darauf, weil ich ein sehr emotionaler Mensch bin.

Meine Oma hat mich immer in allem bestärkt und gesagt: »Mädchen, du machst das!«

Meine Oma war eine klassische Hausfrau, auch wenn mein Opa relativ früh verstarb. Ich erfuhr erst viele Jahre später, dass es keine Liebesheirat war, sondern dass die Ehe aus wirtschaftlichen Gründen geschlossen wurde.

Kurz vor ihrer Beerdigung durfte ich sie nochmal im Sarg sehen und ich spürte zum allerersten Mal, dass das, was da lag, nicht mehr meine Oma war. Ich spürte, dass da nichts von ihrem Wesen, ihrem Lachen, ihrer Herzlichkeit zu spüren war. Die Seele hatte den Körper verlassen.

Von ihr habe ich sehr viel gelernt, z. B. Chinaöl auf die Schläfen auftragen und die Kopfschmerzen gehen weg, Matjesfilets mit Sahnesoße, Äpfeln und Zwiebeln oder unser »Familienrezept – die Buttercremetorte«. Aber auch, dass alle Menschen gleich sind, dass wir keine Vorurteile haben und jedem Menschen mit Respekt begegnen sollten. Menschen anderer Hautfarbe oder anderer Nationalitäten eine Chance zu geben, sie kennenzulernen und aus diesen Kulturen zu lernen.

Sie war mein Ein und Alles, meine wichtigste Bezugsperson, meine Anlaufstelle, wenn ich reden wollte oder wenn ich etwas brauchte. Sie war immer für mich da.

Oma war die »gute Seele« in unserer Familie. Sie war für jeden da. Wenn ich mich alleine gefühlt habe oder meine Mutter unterwegs war oder ich Stress mit meiner Mutter hatte oder es Schulprobleme gab. Sie war einfach da, hörte mir zu und versuchte nicht, mich zu verbiegen. Sie gab mir Stärke und verlieh mir den Glauben an mich selbst.

***

Mein Verhältnis zu meinem Vater war immer schwierig. Ich habe immer wieder versucht, den Kontakt zu ihm herzustellen und ihn hin und wieder auch tatsächlich getroffen. Einmal besuchte ich ihn, während er zur Kur in Bad Sooden war. Ich freute mich wahnsinnig auf das Treffen mit ihm, machte mich hübsch wie ein kleines Mädchen, ich wollte ihm so sehr gefallen.

Die Ernüchterung kam, als ich ihn traf. Ich stieg aus dem Auto und überreichte ihm eine Schachtel Pralinen. Ich hatte mich vorher noch erkundigt, ob er etwas Spezielles wollte.

Darauf er: »Hättest auch mal Zigaretten und Obst mitbringen können.«

Bähm, schon wieder nicht gut genug. Wenige Worte reichen, um zu verletzen.

Was folgten, waren Vorwürfe, dass ich mich mehr hätte anstrengen können, meine Halbschwester kennenzulernen. Ich saß da und war wie vor den Kopf geschlagen. Er übernahm überhaupt keine Verantwortung dafür, dass unser Verhältnis so war, wie es war, sondern alles war meine Schuld. Ich wurde immer kleiner und kleiner, wie immer in der Gegenwart meines Vaters.

Ich hatte mir so gewünscht, dass er mich einfach mal sieht, dass wir uns auf einer Ebene begegnen können, dass er mich wahrnimmt, als seine Tochter, als sein Kind, doch bei diesem Treffen wurde mir klar, dass das nie passieren wird. Er wird nie Anteil an meinem Leben nehmen.

Ich sagte zu ihm: »Papa, eigentlich möchte ich mit dir gar nicht über die Vergangenheit reden, weil, die ist vergangen. Und Schuldzuweisungen möchte ich dir nicht machen, ich möchte aber auch keine kriegen. Es ist damals schwierig gewesen. Ich würde mir einfach wünschen, dass wir uns auf Augenhöhe begegnen und wir uns sagen können: Wie geht es dir? Dass wir ein bisschen Anteil am Leben des anderen nehmen.«

Daraufhin erzählte er mir von meiner Halbschwester, dass sie ja den gleichen Werdegang hatte wie ich. Sie hat erst mit 21 erfahren, dass sie noch eine Halbschwester hat.

Meine Hände verkrampften sich in meinem Schoß. Das Gefühl: »Du bist nicht gut genug«, wurde immer stärker und da war dieser Kloß in meinem Hals, der einfach nicht verschwinden wollte. Ich bin nicht richtig. Ich verdiene es nicht, so geliebt zu werden, wie ich bin. Das ist bis heute ein Grundthema bei mir. Ablehnung und die Angst davor.

Er sagte dann: »Ich muss jetzt zum Mittagessen.«

Ich fragte: »Wann soll ich dich wieder abholen?«

Er: »Wieso abholen? Für mich ist hier Schluss, heute Nachmittag bekomme ich anderen Besuch.«

Ich war 1½ Stunden dorthin gefahren, seine Worte trafen mich mitten in das Herz. Deutlicher hätte er mir nicht zeigen können, wie wenig Bedeutung ich für ihn hatte.

Wie ferngesteuert fuhr ich nach Hause. Ich muss eine Menge Schutzengel gehabt haben, denn ich weinte die ganze Zeit, es floss einfach so aus mir heraus. Danach fiel ich in ein richtiges, tiefes emotionales Loch.

Mein Mann sagte: »Du musst lernen, ihn loszulassen, sonst gehst du kaputt.

Aber das war leichter gesagt, als getan. Ich fühlte mich als ein Kind 2. Klasse und dieser Schmerz saß tief, es war sozusagen mein Urschmerz. Ich wurde nicht gesehen, nicht geliebt, in mir drin gab es die kleine Kerstin, die nichts mehr wollte, als dass ihr Papa sie endlich liebhatte und dagegen konnte ich nichts machen. Der Schmerz war so übermächtig, dass er mir den Atem nahm.

Auch wenn er nicht da war, beschäftigte ich mich oft mit meinem Vater, auch als erwachsene Frau noch. Er war ständig präsent in meinen Gedanken, ich versuchte stets, mit ihm in Kontakt zu kommen, ihn in mein Leben zu integrieren, aber es war erfolglos. Er ließ mich abblitzen bzw. mich immer wieder fühlen, dass ich nichts wert und dass ich schuld wäre an diesem Zustand. Es war schon fast unnormal, wie ich immer wieder, bis ins Erwachsenenalter hinein, versucht habe, dass er mir endlich mal sagt, dass er mich liebhat und dass er stolz auf mich ist. Er war in den schwersten Stunden meines Lebens NIE bei mir, hat NIE an meinem Krankenbett gesessen und mich getröstet, hat NIE Anteilnahme an den schönen Dingen genommen. Er war einfach NIE da, und trotz allem hatte ich dieses Gefühl in mir, ihn zu sehen und mit ihm in Kontakt zu sein. Er war und ist der einzige Mensch in meinem Leben, der mich so behandeln durfte. Mich so niedermachen, mich so demütigen durfte … wobei ich trotzdem diese innige Liebe zu ihm gespürt habe.

Prägend war für mich auch der plötzliche Tod meines Stiefvaters. Mit 57 ging er in Rente, mit 58 verstarb er. Er war starker Raucher und trank auch öfter. Meine Mutter liebte ihn sehr, auch wenn sie sich in der Beziehung eher dominieren ließ, etwas, das sie ja schon aus der Ehe mit meinem Vater kannte. Er spielte sich gerne in den Vordergrund und behandelte meine Mutter herablassend. Er sagte Sachen wie »Du bist doch sowieso zu doof« und sie ließ das mit sich machen.

Ich fragte mich immer: Wieso lässt sie sich das gefallen? Aber sie blieb bei ihm.

Ich war gerade mit meiner Schwiegermutter und meinem Mann im Urlaub. Zum ersten Mal war ich in einem 5-Sterne-Hotel. Sie nahm mich mit in die Kosmetikabteilung, gab mir eine Behandlung aus und kaufte mir einen teuren Rougepinsel von Yves Saint Laurent, den ich heute noch habe. Damals wusste ich noch nicht, wie ich mit ihr umgehen sollte. Es waren deutliche Standesunterschiede. Sie war aus wohlhabendem Haus und ich aus einfachen Verhältnissen. Trotzdem war die Stimmung gut und ganz entspannt in diesem Urlaub.

Dann kam der Anruf meiner Mutter. Sie sagte mir, dass mein Stiefvater im Krankenhaus sei.

»Was hat er denn?«, fragte ich.

»Herz-Rhythmus-Störungen, er bekommt schlecht Luft und seine Blutwerte seien nicht gut. Er war bei einem Herzspezialisten und der sagte, er sähe nicht gut aus, und hat ihn in das Krankenhaus einweisen lassen, um ihn durchzuchecken.«

Der Anruf kam dienstags, sonntags fuhren wir aus dem Urlaub zurück.

Eigentlich wollte ich sofort nach dem Anruf zurück, doch meine Schwiegermutter hielt mich davon ab. »Wir machen jetzt erstmal gemütlich Urlaub. Er ist in guten Händen im Krankenhaus, mach dir keine Gedanken«, sagte sie.

Ich hatte ein ungutes Gefühl dabei, doch ich blieb.

Nach der Rückkehr am Sonntag ging ich meinen Stiefvater noch abends besuchen.

»Wie schön, dass du kommst«, sagte er. »Du warst ja im Urlaub. Du siehst gut aus, so erholt.«

So etwas hatte er noch nie gesagt. Er sagte noch, dass er mich liebhatte. Am nächsten Tag stand ein Eingriff an, man wollte ihm Knochenmark entnehmen.

Wir verabschiedeten uns auf dem Flur, und er sagte noch einmal, dass er mich liebhatte und wie schön es war, dass ich noch einmal gekommen war.

Ich sagte: »Toi, toi, toi für morgen.«

Und dann sagte er diesen Satz, den ich nicht vergessen werde: »Mal schauen, ob die mich morgen überhaupt wach bekommen.«

Im Nachhinein habe ich mich oft gefragt, aus welchem Impuls heraus er das sagte. Vielleicht ahnte er, dass es zu Ende geht.

Montags ging ich dann wieder arbeiten. Als ich von der Arbeit nach Hause kam, rief ich meine Mutter an, konnte sie aber nicht erreichen.

Kurz darauf klingelte sie bei mir an der Tür, vollkommen aufgelöst. »Sie kriegen ihn nicht wach!«, sagte sie mir. Man hatte ihn ins Koma versetzt. Ich verstand erst einmal gar nicht, was los war. Offensichtlich war er, als er aus der Narkose aufwachte, aggressiv geworden, das kommt manchmal vor. Sie hatten ihn ruhigstellen müssen. Es hatte sich herausgestellt, dass er Bronchialkrebs im Endstadium hatte. Die Vermutung der Ärzte war, dass er Metastasen im Gehirn hatte. Sie hatten keine Ahnung, wie er reagieren würde, wenn sie ihn wieder zurückholten.

Meine Mutter war völlig am Ende.

Ich sagte zu ihr: »Wir fahren da jetzt hin.« Ich war ganz klar und übernahm das Handeln, denn meine Mutter war dazu nicht in der Lage. Also sprach ich mit dem Arzt. Er verhielt sich arrogant und schnippisch, keinerlei Gefühl für das Leid, das meine Mutter gerade empfand. Ich ließ mir das nicht gefallen.

»Ist Ihnen eigentlich klar, was meine Mutter im Moment durchmacht? Sie wusste bis eben nicht einmal, dass ihr Mann schwerkrank ist«, sagte ich.

Er blickte mich ungerührt an und sagte: »Sie müssen entscheiden, ob er an den Geräten bleiben soll oder nicht.« Das war eiskalt.

»Sie können doch jetzt nicht von meiner Mutter erwarten, dass sie das entscheidet«, gab ich entgeistert zurück.

»Das müssen wir«, erklärte er ungerührt. »Auf jeden Fall ist es Krebs. Das wird wohl nichts mehr werden.«

»Und was ist mit einer Therapie? Welche Chancen hat er?«, fragte ich.

»Das können wir Ihnen nicht sagen. Es kann sein, dass eine Therapie etwas hilft, aber das bedeutet vermutlich, dass er jeden Tag zur

Blutwäsche hierherkommen muss.« Der Arzt zeigte keinerlei Emotionen, er erklärte das so, wie andere ein Kochrezept weitergeben.

Binnen von 14 Tagen trafen wir gemeinsam mit seinen drei Kindern die Entscheidung, dass wir die komplette Notversorgung machen. Nach vier Tagen schlief er schließlich friedlich ein.

Mich brachten jene Tage meiner Mutter näher. Ich konnte ihr beistehen, war diejenige, die den kühlen Kopf bewahrte, mich um sie kümmerte. Ich konnte ihre Verletzlichkeit deutlich spüren.

Ich zog sogar für eine Weile bei ihr ein, um sie zu stützen, und wir standen das gemeinsam durch. Im Nachhinein beschlich mich das Gefühl, dass er schon länger so eine Ahnung gehabt haben muss, denn er war bereits eine Weile kurzatmig.

Für mich war der Abschied von ihm sehr emotional, schließlich war er wie ein Vater für mich und wir hatten ein inniges Verhältnis. Er war ein typischer Kerl: außen eine raue Schale, innen ein weicher Kern. Er stand immer zu mir, konnte mir seine Gefühle zeigen, ganz anders als mein leiblicher Vater.

Wenn man sich mit spirituellen Themen beschäftigt, stößt man irgendwann auf das Thema »Seelenfamilien« und »Seelenverwandte«. Bei Seelenfamilien geht man davon aus, dass es eine Gruppe von Seelen gibt, die in unterschiedlichen Konstellationen immer wieder miteinander inkarnieren, um voneinander zu lernen.

Das Ganze ist sehr komplex und oft ist es für uns nicht erkennbar, ob wir jemandem aus unserer Seelenfamilie gegenüberstehen oder einer Person, mit der wir noch unaufgearbeitetes Karma haben. In beiden Fällen stellt sich das Gefühl einer großen Vertrautheit ein, eine Art »Wiedererkennen«. Man kennt sich eben – nur nicht aus diesem Leben. Das eine vom anderen zu unterscheiden, ist nicht leicht.

Inzwischen weiß ich, dass wir alle eingebunden sind in den ewigen Kreislauf aus Tod und Wiedergeburt. Wir inkarnieren auf der Erde, um zu lernen und zu wachsen und uns mit jedem Leben hin zu

Erkenntnis, Weisheit, Licht sowie Liebe zu entwickeln. Unsere Seele möchte Erfahrungen machen. Sie möchte sich selbst erfahren. Das hat etwas Magisches. Jede Seele hat ihren ganz individuellen Seelenplan, also eine Reihe von Erfahrungen, die sie sich in einem Leben oder in einer Reihe von Leben ausgewählt hat, um sie zu machen. Einige von ihnen sind schmerzhaft, doch auch diese sind wichtig, damit wir wachsen. Die meisten dieser Erfahrungen können wir nur gemeinsam machen, deshalb verabreden sich Seelen dazu, gemeinsam zu inkarnieren, um diese Erfahrungen zu ermöglichen. Auf einer tiefen Seelenebene verabreden sich sogar Menschen, die einander großen Schmerz zufügen, dazu. Letztlich ist es ein Akt der Liebe.

Es gibt verschiedene Seelenalter. Einige Menschen haben noch sehr junge Seelen. Diese Seelen müssen zunächst grundlegende Erfahrungen mit dem Sein machen. Dann gibt es reife Seelen, weise Seelen und erleuchtete Seelen. Jedes Seelenalter umfasst viele hundert bis tausend Inkarnationen. Durch Rückführungen können wir uns an vorangegangene Leben erinnern.

Was wir in früheren Leben erlebt haben, bleibt in unserer Seele gespeichert. Wir können uns nicht bewusst daran erinnern, doch jeder von uns kennt wohl das Gefühl, wenn uns ein Ort sehr vertraut vorkommt, obwohl wir noch niemals dort gewesen sind, oder uns ein bestimmtes Thema total in seinen Bann schlägt und wir den Eindruck haben, dass wir schon ganz lange damit zu tun haben, obwohl wir das erste Mal damit in Kontakt treten. Es ist eine Wahrnehmung von Resonanz, die aus den Tiefen unserer Seele stammt und die sich in uns regt. Je mehr wir darauf achten, umso deutlicher können wir sie wahrnehmen.

Manchmal sind es auch Traumata aus vergangenen Leben, die sich da melden. Wenn wir Schlimmes erfahren haben, dann bleibt das in unserer Seele gespeichert und wartet darauf, in einem der nächsten Leben geheilt zu werden. Das ist Teil unseres Seelenplans. Das Schwierige an einem solchen Trauma ist, dass wir uns nicht mehr bewusst daran erinnern können. Es regt sich als ein Gefühl, ohne eine klare Erinnerung. Die Aufarbeitung gelingt nur mit spiritueller Begleitung, etwa durch Hypnose und Rückführungen.

Auch Karma ist etwas, das sich durch viele Leben hinweg vollzieht. Viele Menschen haben einen etwas schwammigen Begriff von dem, was Karma ist. Immer, wenn wir etwas mit einer bestimmten Absicht tun, erzeugen wir Karma. Worauf es ankommt, ist nicht, was wir tun, sondern mit welcher Intention. Auf der grobstofflichen Ebene ist ein Gedanke nur ein Gedanke, doch auf der feinstofflichen Ebene hat dieser Gedanke viel Gewicht und kann, wie der Flügelschlag eines Schmetterlings, viel verändern und sich letztlich auch auf die grobstoffliche Ebene auswirken.

Ich bin inzwischen fest davon überzeugt, dass wir alle miteinander verbunden sind. Unsere Seelen können miteinander in Kontakt treten, auf einer Ebene jenseits von Zeit und Raum. In jedem Leben gibt es ein Bewusstsein und ein davon losgelöstes, immaterielles Sein, das unsterblich ist. So können wir einerseits immer wiedergeboren werden und andererseits in Verbindung mit anderen Seelen stehen.

Wenn ich als Mensch und Seele mit einer anderen Seele interagiere, dann kann es sein, dass ich Karma erzeuge. Vielleicht sagt oder tut der andere Mensch etwas, das mich verletzt oder kränkt. In diesem Moment entsteht zwischen uns Karma. Dieses Karma muss aufgelöst werden, am besten noch in dieser Inkarnation. Das kann durch eine Entschuldigung entstehen oder indem ich diesem anderen Menschen aktiv vergebe und in die Liebe gehe. Doch oft gelingt uns das nicht. Wir ärgern uns und hegen Groll, manchmal wollen wir sogar Rache und rächen uns. Dann entsteht wieder neues Karma. Wenn wir das Karma nicht in diesem Leben auflösen, werden wir wiedergeboren und begegnen diesem Menschen erneut. Wir haben dann sofort das Gefühl, dass wir mit diesem Menschen eine Verbindung haben, ohne zu ahnen, dass diese Verbindung karmisch ist. Es geschehen hierbei Dinge, die sehr intensiv sind, häufig sind solche Beziehungen, Begegnungen und Freundschaften durch viel Drama gekennzeichnet, bis das Karma aufgelöst wurde. Im

Buddhismus spricht man davon, dass Karma einen bestimmten Geruch hat, der sich gegenseitig anzieht. Man kann das auch Schicksal nennen, aber der Begriff des Schicksals übersieht, dass wir unser Karma durch unsere Absichten selbst erzeugen.

Einige spirituelle Lehrer gehen davon aus, dass wir nicht beliebig wiedergeboren werden, sondern innerhalb unserer Ahnenreihe. Unsere Ahnenlinie hat eine besondere Bedeutung von uns. Inzwischen weiß man durch die Erkenntnisse der Epigenetik, dass die Erfahrungen unserer Vorfahren genetisch an uns weitergegeben werden. Das Gleiche geschieht auch auf der spirituellen Ebene. Uns gibt es nur, weil es unsere Vorfahren gab, und zugleich sind unsere Vorfahren ein Teil von uns. Wir sind alle miteinander verbunden. Wir können unsere Ahnen um Schutz anrufen oder sie um Rat bitten.

Alle Erfahrungen, die wir machen, und unser gesamter Seelenplan sind in der Akasha-Chronik gespeichert. Die Akasha-Chronik ist ein riesiges Bewusstseinsfeld der Liebe und des Wissens. Man könnte auch sagen, sie ist Gott selbst. Durch Meditationen und Techniken kann man sich mit ihr verbinden und Fragen an sie stellen, etwa über seine Vorfahren, über den eigenen Seelenplan, über anstehende Seelenaufgaben und auch über Verstorbene. Zeit und Raum existieren dort nicht.

Sich mit der Akasha-Chronik zu verbinden, ist eine sehr intensive Erfahrung. Manche sprechen sogar von einer Art Erleuchtung. Mir ist dadurch bewusst geworden, dass wir alle eine Aufgabe haben und dass wir alles andere als allein sind. In jedem Augenblick sind wir umgeben von spirituellen Begleitern, von unseren Ahnen, Geistwesen, Engeln und vielen anderen. Der Tod ist nur eine Grenze, doch er ist nicht endgültig. Es gibt ein Reich, in dem wir mit all unseren Lieben wieder vereint werden. Und das, obwohl diese möglicherweise schon wieder inkarniert werden. Die Seele ist eben nicht an die Gesetze von Zeit und Raum gebunden. All das ist ein Wunder, das zu entdecken ich erst vor einigen Jahren begonnen habe, und das mit meiner Beziehung zu Sven, meinem Stiefsohn, und dem Abschied von ihm seinen Höhepunkt genommen hat.

Die Erkenntnisse der letzten Jahre haben mein Leben tiefgreifend verändert und ich weiß auf einer tiefen Ebene, dass es Erkenntnisse sind, die Spuren auf meiner Seele hinterlassen und die ich möglicherweise mit in das nächste Leben nehmen kann. Trotz der vielen schmerzhaften Erfahrungen in diesem Leben ist meine Seele gewachsen, reifer und weiser geworden und diese Erkenntnis stimmt mich froh und fast euphorisch.

Ich bin dankbar für die vielen spirituellen Lehrer, von denen ich lernen durfte und noch immer darf. Bei einem meiner ersten Readings in der Akasha Chronik (Mediale Woche mit Sabrina Gosselck-White) stieß ich auf eine ganz besondere Verbindung zwischen den Frauen in meiner Familie – Uroma, Oma, Mutter und ich. Da war ein Bild, wie die Erwachsenen da standen, alle ganz streng in Schwarz gekleidet und ich als kleines Mädchen dazwischen, eine kleine Maus, die sich wünscht, gesehen zu werden. Doch da war so viel Unausgesprochenes, ein bleiernes Schweigen, so viele Geheimnisse über so viele Generationen hinweg und ich war wie ein Schmetterling, der zwischen ihnen herumflatterte, dem aber durch das Gewicht die Flügel zerdrückt wurden.

Was mich an dieser Erfahrung überwältigte, war, dass ich mich mit wildfremden Menschen auf einmal total verbunden fühlte. Wir lagen uns in den Armen, weil wir alle das Gleiche fühlten.

Ich fragte auch nach meiner Tochter Bianca. Da ist dieses Gefühl, dass wir so unterschiedlich sind. Woher kommt das? Oft denkt sie, dass ich sie bevormunden würde oder gar verurteilen. Einmal sagte sie zu mir: »Ich habe immer das Gefühl, du beäugst mich!«

In einer Rückführung fand ich heraus, dass die Verbindung zwischen den Seelen meiner Tochter und mir weit zurückreicht. In einem früheren Leben war ich eine Königin und hatte eine Burg. Meine Tochter war meine Magd und ich habe sie nicht gut behandelt. Das ist unsere karmische Verbindung und wir sind aufgerufen, sie in diesem Leben zu heilen – durch Liebe und Akzeptanz. Es ist unsere Aufgabe, uns so sein zu lassen, wie wir sind.

Ich sah auch meine Uroma, mit streng zurückgebundenen Haaren, neben ihr meine Oma und daneben meine Mutter. Es sah aus, als würde sie meine Oma festhalten. Die Botschaft, die ich bekam, war: »Männer sind Schweine!« Das passte gut zu der Information, dass es Übergriffe durch russische Soldaten gab, von denen auch die Frauen in meiner Familie betroffen waren.

Bereits 2019 nahm ich Kontakt mit einem Medium auf. Ich ging zu einem spirituellen Abend. Für mich eine ganz neue Erfahrung. Man sitzt unter vier bis sechs Menschen, die sich nicht kennen. Anfangs gibt es eine Einführungsmeditation und dann wird man herangeführt, die Aura eines anderen Menschen zu lesen.

Man begibt sich in das Energiefeld des anderen Menschen, mit geschlossenen Augen und achtet auf das, was sich einem zeigt. Ich hätte vorher nie gedacht, dass jeder von uns über solche medialen Fähigkeiten verfügt. Man muss nur offen und bereit dafür sein. Wichtig ist auch, nicht zu urteilen über das, was sich zeigt. Es können Bilder sein, Worte, Stimmen, aber auch Gerüche. Alles, was kommt, ist richtig und darf sein.

Ich bin ja eine Person, deren kritischer Verstand eher laut ist, und ich war überrascht davon, wie gut es mir gelang, meinen »Kanal« zu öffnen. Ich versetzte mich in das Energiefeld einer anderen Frau und benannte eine verstorbene Person. Es stellte sich heraus, dass es sich um die Oma der Frau handelte. Dann tauchte das Bild eines jungen, kleinen Mädchens auf, das fröhlich auf einer Blumenwiese tanzte.

Ich sagte: »Das passt doch jetzt nicht!«

Doch das Medium erklärte mir: »Das ist jetzt alles richtig, du kannst dem vertrauen. Und sie dann auch zu der Empfängerin gesagt hat: Die Verstorbenen zeigen sich nicht immer so, wie wir sie in Erinnerung haben. Sie zeigen sich so, wie sie entweder sein möchten oder wie sie gestorben sind. Die Oma war vielleicht in ihrer Seele eine fröhliche Person, die einfach tanzen will.«

Da bekam ich eine Gänsehaut. Ich erfuhr auch etwas über die Beziehung zu meinem Mann. Zwischen uns besteht eine ganz enge Seelenverbindung, über viele Leben hinweg, alte Seelen, die schon viele Leben miteinander geteilt haben. Ich saß da und mir liefen die Tränen.

Seither kann ich die Seelen Verstorbener fühlen. Ich kann sie nicht sehen, aber ich kann sie wahrnehmen und sie unterschiedlich fühlen. Bei meiner Mutter ist es ein Kribbeln in meiner Nase, bei meinem Stiefsohn Sven ist es die Wahrnehmung seiner Nähe, ganz intensiv, so als ob er wirklich DA ist. Anfangs dachte ich oft: »Das ist doch jetzt verrückt, das bildest du dir ein«, doch inzwischen gelingt es mir immer besser, meinen kritischen Verstand und seine Zwischenrufe auszublenden und zum Schweigen zu bringen.

Viele von uns haben ja einen sehr lauten inneren Kritiker, Psychologen nennen das ein Introjekt, das häufig durch eine strenge Erziehung entsteht. Man versucht, in einer Art vorauseilendem Gehorsam besonders folgsam zu sein. Dieser innere Kritiker meldet sich dann in dem inneren Dialog, den jeder von uns mit sich selbst führt. Bei einigen von uns ist diese innere Stimme liebevoll, nachsichtig und sanft, sie ermuntert und motiviert uns, doch bei anderen, etwa bei mir, ist sie überkritisch, oft vorwurfsvoll und negativ. Glücklicherweise ist es mir in den vergangenen Jahren gelungen, diese Stimme leiser zu drehen und in etwas Freundlicheres zu verwandeln. Oft habe ich den Eindruck, dass es Sven ist, der mir dabei hilft. Ich gehe nachsichtiger mit mir um und wenn der innere Kritiker doch einmal wieder die Oberhand gewinnt, dann kann ich mich dabei ertappen und darüber lachen.

Gerade auch beim Schreiben dieses Buchs ist er besonders laut. Beim Zweifeln in mir, wie: »Wer will das schon lesen?«, dann spüre ich Svens Nähe ganz besonders, wie er hinter mir steht, mir seine Hand auf die Schulter legt und mich ermuntert, meinen Weg weiter zu gehen und meinen Traum zu verfolgen.

Dieses Buch beschreibt meine Reise zu mir selbst, die Erkenntnis meines Seelenplans, meiner großen Aufgabe und die Hoffnung, auch andere Menschen dazu zu motivieren, sich mit diesen Themen zu beschäftigen, weil darin so viel Heilung liegt. Wenn ich zurückblicke, dann ist da so viel in meinem Leben, an dem ich hätte zerbrechen können, über das ich verbittert sein könnte, doch stattdessen habe ich das Gefühl, dass ich mit jedem Tag, der verstreicht, dem Glück und dem Licht ein wenig näherkomme und die Liebe wie eine Blume in meinem Inneren in immer neuen Farben erblüht. Das ist das Gefühl, das ich gerne teilen möchte und das ist die Motivation hinter diesem Buch und es ist Svens Seele aus einer anderen, unsichtbaren Welt, die unsere überlagert, ganz dicht bei uns ist, der mich dazu ermutigt, das auch zu tun.

Vieles kann und darf ich jetzt in das Bewusstsein und in die Heilung lassen. Meine beiden verstorbenen Kinder zum Beispiel habe ich sehr lange immer verschwiegen, sie tief in mir vergraben. Da waren so schreckliche Schuldgefühle.

Inzwischen ist das anders. Ich kann über sie sprechen, sie mit Hilfe der Liebe zu einem Teil meines Lebens machen. Das ist so unfassbar heilsam, dass mir nur beim Schreiben darüber die Tränen laufen.

Nichts im Leben geschieht aus Zufall. Wir alle sind dem Gesetz von Ursache und Wirkung unterworfen, auch wenn wir uns dessen nicht bewusst sind. Unsere Gedanken, unsere Intentionen erschaffen die Ursache, auch wenn wir mit der Wirkung möglicherweise erst viel später konfrontiert werden.

Anfangs sah ich in den ganzen Unterleibsoperationen nur ein weiteres, sinnloses Leid in meinem Leben. Heute weiß ich, dass es ein Versuch meiner Seele war, mich vor weiterem Leid zu beschützen. Indem ich so früh schon eine Total-OP hatte, verhinderte ich unbewusst, noch einmal schwanger zu werden und einen erneuten Verlust zu erleiden.

Das waren unter anderem Dinge, die mir bei einer Familienaufstellung bewusst wurden. Dazu gehört auch das Wort seelischer oder emotionaler Missbrauch durch meinen Vater. Ein starkes Wort, doch es passt. Ständig machte er mich nieder, hielt mich klein, doch statt wütend auf meinen Vater zu sein, verzieh ich ihm und sehnte mich nach seiner Liebe. Heute weiß ich, er konnte nicht anders, denn er wurde selbst in einer zerrütteten von Gewalt geprägten Familie groß.

Doch als ich das Medium bei der Familienstellung diese, meine Wahrheit, aussprechen hörte, da packte es mich. Mich überkam ein regelrechter Ekel. Dann stieg eine unbändige Wut in mir auf, die ich nie zuvor gespürt hatte. Doch es war wie ein Befreiungsschlag, denn ich begriff, dass diese Wahrheit und dieses Verhalten meines Vaters mein ganzes Leben beeinflusst hatten. Ich bekam Antworten auf meine Lebensfragen. Es erschloss sich so viel und ich begann mich in einem anderen Licht zu sehen.

Die damaligen Gedanken bei den Krankenhausaufenthalten wurden widerrufen, denn es war mein Wunsch, dass meine Unterleibsorgane entfernt werden, denn ich wollte NIE, NIE wieder so etwas wie den Tod von meinen Kindern er- bzw. durchleben. Das war eine Erkenntnis …

Meine Tochter Bianca und ich hatten immer eine gute Verbindung zueinander. Sie war ein aufgewecktes, neugieriges Mädchen, das sich unter anderem bei der Kirchenjugend engagierte und Jugendfreizeiten begleitete. Sie wuchs behütet auf und war viel bei Oma und Opa und fuhr mit ihnen viel in den Urlaub.

Das Verhältnis zwischen meiner Tochter Bianca, ihren beiden Kindern (Dominik und Patrick) und mir war auch in späteren Coaching-Sitzungen immer wieder ein Thema. Ihr großer Sohn (Dominik) ist bereits in der Schule und zu ihm habe ich ein ganz inniges Verhältnis. Als er klein war, spazierte ich mit ihm im Kinderwagen oft auf einen Friedhof. Es war dort so eine ruhige, friedliche Stimmung, welche sich auf mich als auch meinen Enkel übertragen hat.

Im Coaching zeigte sich, dass er oder besser seine Seele mir dabei half, den Verlust meiner Kinder auf diese Weise zu verarbeiten.

Zwischen uns gab es einen ganz intensiven Moment, als er noch in der Karre saß und noch nicht sprechen konnte. Da sah ich ihn an und dachte: »Ich habe dich so lieb, kleiner Mann« und er sah mich an und nickte, als hätte er meine Gedanken gelesen und mich verstanden. Mir kamen die Tränen, hatte Gänsehaut am ganzen Körper - so intensiv war dieser Moment.

Bei einem Spaziergang vor einiger Zeit haben wir über Sven gesprochen und ich habe ihm von ihm erzählt, auch das er tot ist und dann sagte er auf einmal: »Du musst nicht traurig sein, Oma«.

»Wie kommst du darauf?«, frage ich.

»Seine Seele ist dort oben, sein Körper ist gar nicht mehr hier und er passt auf dich auf" sagte er, da war er gerade einmal 6 Jahre alt.

Inzwischen weiß ich, dass kleine Kinder bis zu einem gewissen Alter eine ganz enge Verbindung zur geistigen Welt haben und vieles für sie selbstverständlich ist.

2014 oder 2015 unternahm ich ein Experiment. Ich wollte ausprobieren, wie es ist, allein zu sein. Ein Stück weit war das auch eine Art Vorbereitung auf den Moment, falls mein Mann irgendwann nicht mehr sein sollte, schließlich ist er 22 Jahre älter als ich.

Helgoland ist meine Trauminsel, auf der ich mich eigentlich sehr geborgen fühle. Ich wollte herausfinden, ob ich auch ohne Michael zurechtkomme. Wie fühlt es sich an, allein zu sein? Helgoland erschien mir wie der ideale Ort dafür.

Doch schon auf der Fahrt dorthin ging es mir nicht gut. Mich quälten Magen- und Darmprobleme. Mein ganzer Körper rebellierte, Schwindel, Panik etc. Die Insel erschien mir wie ein Gefängnis. Kaum angekommen, musste ich von dort wieder weg. Ich sagte der Rezeptionistin am Empfang des Hotels, dass meine Tochter im Krankenhaus sei (das war eine Notlüge!) und nahm die nächste Fähre wieder zurück.

Ich erkannte: Sich auf eine Situation, wie den Verlust eines Menschen vorzubereiten, ist Blödsinn.

Die Beschäftigung mit den Frauen in meiner Familie zeigte mir, dass es bestimmte wiederkehrende Themen gibt. Jedes Trauma, das wir nicht selbst heilen, wird zu einer Art »Fluch«, den wir an die nächste Generation weitergeben. In meiner Familie gab es viele Frauen, die durch Männer Unrecht erlebten und sich nie dagegen zur Wehr setzten. Wirkliche Freiheit fanden meine Mutter und meine Großmutter erst, als sie alleine lebten. Aber waren sie glücklich? Auf gewisse Weise war dieser Rückzug auch eine Art Flucht, wirkliche Heilung fand nicht statt. Für mich ergab sich daraus die Frage, wie ich eigentlich leben möchte. Mir war und ist es wichtig, diese Traumata zu heilen und nicht weiterzugeben. Damit ich sie heilen konnte, waren zwei Dinge notwendig: Ich muss meinen Vater loslassen und ihm vergeben und ich muss die Bereitschaft entwickeln, einen Partner zu finden, der mich in meiner seelischen und persönlichen Entwicklung beflügelte, statt mich einzuschränken. Die Distanz, die ich hin und wieder zu meiner Tochter Bianca empfand, war mein unbewusster Versuch, sie vor der Übertragung ungeheilter Traumata zu beschützen. Gleichzeitig hat uns das auch viel von möglicher Nähe genommen.

VII. Sven

Zwischen Sven und mir entstand über die Jahre eine ganz besondere Beziehung. Im Rückblick staune ich darüber, wie aus dem schüchternen jungen Mann, der sich mir gegenüber auch recht verschlossen gab, mein engster Vertrauter und Seelenverwandter wurde.

Es war Sven, der meine Nähe suchte, auf seine stille, zurückhaltende Weise. Ich konnte spüren, dass hinter seiner Verschlossenheit eine große Verletzlichkeit lag. Erst nach und nach öffnete er sich mir. Ich erfuhr oder besser erfühlte, dass seine Kindheit alles andere als leicht gewesen war. Mein Mann Michael hatte viel gearbeitet und die Beziehung von Sven zu seiner Mutter war nicht einfach gewesen. Sven sprach nicht viel darüber, doch das, was sich mir offenbarte, waren eine große emotionale Kälte und eine starke Verlorenheit. Er trug das Bedürfnis in sich, endlich geliebt und gesehen zu werden, und das konnte ich nach den Erfahrungen mit meinem Vater gut nachempfinden. Vielleicht war das die erste Brücke zwischen seiner Seele und meiner, die über die Jahre allerdings noch viel intensiver werden sollte.

Sven lebte sehr zurückgezogen. Er gründete nie eine Familie. Dafür war er beruflich sehr erfolgreich, arbeitete in München und Frankfurt, später dann in Hamburg. Mein Mann Michael und ich besuchten ihn dort immer mal wieder über das Wochenende. Dann zeigte er uns »seine« jeweilige Stadt, wir gingen in Musicals, aßen in Restaurants und verbrachten eine gute Zeit. Oft kam es auch zu sehr intensiven Gesprächen, während derer er meine Hand hielt.

Sven und ich telefonierten oft. Es war merkwürdig, doch er konnte oft über viele Kilometer hinweg fühlen, wenn es mir nicht gut ging und dann kam eine Textnachricht oder ein Anruf. Er hatte so eine ruppige Art, seine Liebe zu zeigen, etwa durch Geburtstagskarten mit frechen Sprüchen oder indem er mich manchmal aufzog, doch es war immer liebevoll. Oft musste er auch gar nichts sagen, sondern wir kommunizierten über Blicke miteinander.

Und dann kam der August 2019. Wir hatten unsere Handys per App miteinander verbunden, so dass man auf einer Karte immer sehen konnte, wo der andere war. Wir fanden das über die Entfernung hinweg schön, nicht im Sinne von Stalking, sondern als Vertrauensbeweis und damit man sich keine Sorgen macht, schließlich lebte Sven ganz allein in Hamburg und wie geschrieben auch sehr zurückgezogen. So wussten wir zum Beispiel: »Ah, jetzt ist er im Hafen, Fotos machen« usw. Doch an diesem Tag im Oktober bewegte sich der Punkt auf der Karte den ganzen Tag gar nicht und das war seltsam. Er war aber nicht zu Hause. Ich sagte zu Michael: »Wo ist er da? Ist das ein Schwimmbad?«

Am Abend rief er mich an. »Ich liege im Krankenhaus, ich hatte einen Herzinfarkt.«

Ich war vollkommen geschockt. »Du hast was?« Da war Sven Anfang 40, also überhaupt nicht in dem Alter, um herzkrank zu sein. Es war ein Samstag. Er war morgens in der Stadt gewesen, hatte noch etwas für den Fotoapparat gekauft. Schon Wochen vorher hatte er so ein Druckgefühl auf der Brust gehabt und das war immer schlimmer geworden. Also war er zum Notarzt gegangen. Der schickte ihn gleich in das Krankenhaus und dort wurde eine Katheteruntersuchung gemacht. Er bekam Stents gesetzt.

Ich sagte sofort: »Wir kommen morgen.«

Sven daraufhin: »Nein, das muss nicht sein.«

Doch ich duldete keine Widerrede. Wir fuhren sonntags hin und sprachen mit den Ärzten. Es stellte sich bei den Untersuchungen auch heraus, dass er bereits seit vielen Jahren Diabetes hatte. Er war nie zum Arzt gegangen, obwohl ich ihm das des Öfteren geraten hatte. Auch mit dem Fettstoffwechsel gab es Probleme.

Im Nachhinein weiß ich, dass dieser Herzinfarkt auch für mich so etwas wie eine Vorbereitung war, eine Möglichkeit, mich langsam auf das vorzubereiten, was kam, auch wenn es dafür keine Vorbereitung gibt.

Sven kam anschließend in die Reha und stellte sein Leben vollkommen um. Er aß keine Süßigkeiten mehr, trank keinen Alkohol mehr, machte viel Sport und nahm binnen kürzester Zeit 15 Kilo ab.

Wir telefonierten viel und ich hatte den Eindruck, dass er noch ruhiger wurde.

Im Februar 2020 dann besuchten Michael und ich ihn noch einmal in seiner Wohnung. Die beiden Männer tranken sich ein bisschen Mut an und dann kam noch einmal das Thema Geld auf den Tisch. Für meinen Mann war das ja immer ein bisschen ein Problem, dass er das Geld von Sven genommen hatte, damals, als es mit der Firma so brenzlig wurde.

Der Alkohol lockerte die Zungen und Sven sagte ganz klar: »Ich gebe das Geld wirklich gerne. Ich habe doch genug Kohle auf dem Konto.« Und irgendwie hatte ich das Gefühl, dass Michael das in dem Moment auch annehmen konnte. Zwischen den beiden löste sich etwas, ein Knoten. Das fühlte sich gut an.

Ich konnte ein bisschen zwischen diesen beiden oft verschlossenen Männern vermitteln, offensichtlich ein Teil meines Seelenplans.

Sven sagte oft zu mir: »Wenn es dich nicht gegeben hätte, mein Vater und ich hätten heute wohl keinen Kontakt mehr.«

Michael schloss seinen Sohn in die Arme. Daran kann ich mich noch gut erinnern. Mir traten die Tränen in die Augen. Sven nahm meine Hand. Mein Mann sagte Sven, wie sehr er ihn liebt und wie stolz er auf ihn ist. Sven hatte es weit gebracht, ohne gute Schulbildung und ohne Studium hat er in der Computerbranche eine Karriere hingelegt und viel Geld verdient. Das war beeindruckend. Er hatte sein Leben im Griff, sich alles selbst beigebracht. Doch wenn ich ihn ansah, dann sah ich da noch immer diesen kleinen, verletzten Jungen. Ich sagte ihm oft, dass er ein wunderbarer, liebenswerter und empathischer Mensch war.

Freitag nach Ostern 2020 zogen mein Mann und ich um. Sven wollte sonntags kommen und uns bei den Elektroarbeiten helfen, weil er ja gelernter Elektriker war.

Ostern kam also und ich schickte ihm Fotos aus einem Park, in dem ich gerne allein spazieren ging. Dort saß ich oft und dachte über das Leben nach. Ich wunderte mich noch, weil keine Reaktion kam. Das war gar nicht seine Art. Das ganze Wochenende war er still. Sein Standort bewegte sich auch nicht, doch noch dachten wir uns nichts dabei.

Erst am Ostermontagabend haben wir uns dann Sorgen gemacht, auch, weil uns angezeigt wurde, dass sein Akku nur noch bei 7 % war. Da schrillten bei uns die Alarmglocken. Ich rief bei seiner Nachbarin an, ob sie mal schauen könnte, inwieweit alles in Ordnung war.

Ein paar Wochen vorher gab es eine Situation, in der er dachte, er hätte einen erneuten Herzinfarkt, die sich aber als falscher Alarm herausgestellt hatte. So richtig wurde aber nie festgestellt, was da losgewesen war.

Die Nachbarin klingelte bei ihm und sagte: »Ich höre nichts.« Ich bat sie, mal von draußen zu schauen, ob Licht in der Wohnung ist.

»Im Wohnzimmer ist Licht an«, sagte die Nachbarin.

Aber wir konnten ja sehen, dass sein Handy bei ihm in der Wohnung war.

Daraufhin riefen wir bei der Polizei an. Der Polizist sagte zu uns: »Ich muss Ihnen gleich sagen, wenn wir Ihren Sohn finden und er sagt, ich möchte keinen Kontakt mit meinen Eltern, dann informieren wir Sie nicht.«

Ich sagte: »Das ist klar.« Aber darüber machte ich mir keine Sorgen. Ich wusste einfach, dass da etwas nicht stimmte und das Gefühl wurde von Stunde zu Stunde stärker.

Wir warteten Stunde um Stunde. Es wurde Mitternacht und schließlich gingen wir zu Bett. Um halb drei schließlich klingelte die Polizei und teilte uns mit, dass er tot war. Man hatte die Wohnung aufgebrochen. Dann wurde die Wohnung versiegelt und ich dachte: Jetzt ist noch ein Kind weg.

In der Sterbeurkunde steht der 13.04.2020, doch wir wissen, dass es schon samstags passiert ist. Das Schlimmste für mich an diesem Tod ist, dass er für mich der Ankerpunkt war. Es war so ein stilles Agreement, dass, wenn mein Mann mal verstirbt (was eigentlich eher der Fall gewesen wäre – also vor mir und vor Sven) … Also ich kann das für mich zu einhundertfünfzig Prozent sagen: Falls Michael vor mir gestorben wäre, dann wäre ich zu Sven gezogen.

Wegen Corona durfte ich Sven im Bestattungsinstitut nicht noch einmal sehen, was für mich sehr wichtig gewesen wäre. Es ist ein Teil des Abschiednehmens, des sich Verabschiedens. Mein Mann wollte nicht dorthin. Er machte das mit sich selbst aus, das kannte ich schon von dem Tod seiner Mutter.

Doch die Bestatterin schickte mir Fotos von Sven im Sarg. Da waren einige dabei, bei denen er die Augen aufhatte. Das geschieht bei Leichen manchmal, vor allem, wenn man plötzlich stirbt.

Ich habe mir diese Bilder ganz genau angesehen, ich schaue sie mir auch heute noch an. Einerseits war es befremdlich, andererseits ist da auch eine Art Friede. Ich brauchte diese Fotos, um abschließen zu können. Ich würde sonst heute noch denken, dass er mich gleich wieder anruft.

Ich kann das gar nicht beschreiben. Sein Tod hat mir den Boden unter den Füßen weggezogen und ich dachte danach: Jetzt bitte auch nicht noch Michael! Das überlebe ich nicht. Dann springst du wirklich von der Brücke. Das hat mich die ganzen Wochen und Monate beschäftigt, diese panische Angst wegen Michael. Dass er jetzt noch irgendwie geht. Ich hatte sehr starke Verlustängste.

Sven war zwar »nur« mein Stiefsohn, aber ich liebte ihn wie meinen eigenen Sohn und ihn zu verlieren, hat mich sehr getroffen. Erst nach und nach durfte ich erkennen, dass mich dieser Verlust auch stärker gemacht hat und auf einer tiefen Seelenebene hat reifen lassen.

Ich fühle die tiefe Verbindung zu Sven bis heute, sie ist ein Teil von mir. Doch erst einmal hatte ich eine ganze Menge zu verarbeiten.

Wieder ein Schlag für mich. Er ist nicht mehr da. Er war mein Ankerpunkt, mein Sohn, mein Freund … er war so viel für mich. Gefühle aller Art, wie Mutterliebe, Freundschaft, Respekt und auch Liebe wie zu einem Mann sind da zu spüren. Vieles davon verwirrte mich lange Zeit, bis ich es nach und nach sortierte und einfach annahm, den letztlich stand hinter allem eins: ein Gefühl starker Liebe und Zuneigung.

Im Nachhinein durften wir dann auch Svens Freunde und sein Umfeld kennenlernen, von denen er uns vorher eher fernhielt, was wir akzeptiert hatten. Die Freunde, die sich im Nachhinein bei uns auf schicksalhafte Weise gemeldet haben. Ich weiß gar nicht, wie sie erfahren haben, dass wir seine Eltern waren, wahrscheinlich über Instagram, Facebook. So haben wir herausgefunden, dass er sich am Samstag, halb acht, noch mit einer Freundin geschrieben hat. Und dann in der Nacht von Samstag auf Sonntag verstorben ist.

Nach seinem Tod war da eine große Tiefe, was sich dann noch an Schönheit gezeigt hat. Wir wussten, dass er viele Freunde durch das Internet kannte (PC-Freaks, Fotografen). Es gab da eine große Community, in die er eng eingebunden war, aber auch Verbindungen mit Leuten in Hamburg.

Es gibt in Hamburg ein Seemannsheim (Duckdalben), wo er gerne war und wo ein Freund eine Initiative über PayPal gestartet hat: eine Spendenaktion (im Sinne von Sven) für dieses Seemannsheim (Fürsprecher der Seeleute). Das lief knapp 14 Tage und es kamen 4.500 Euro zusammen. Wir konnten das verfolgen und dachten: Wow, was hat dieser Kerl doch für gute Seiten gehabt, wobei viele dachten: ach, so ein ruppiger Kerl, so in sich gekehrt.

Unter anderem hat sich noch ein anderer Freund bei uns gemeldet, ein ehemaliger Kollege. Das war auch wieder ein Wink des Schicksals, dass zu ihm eine ganz enge Beziehung entstand. Wir trafen ihn in Hamburg, schreiben uns bis heute. Er ist praktisch wie ein Sohn-Ersatz. Er half meinem Mann und mir bei der Wohnungsauflösung und den Formalitäten. Wir mussten ja dann die Wohnung auflösen (Mietwohnung) innerhalb von vier Wochen, nachdem wir bei der Polizei die Schlüssel abgeholt haben.

Mein Mann sagte: »Lass uns mal warten!«

Ich sagte: »Nein, lass uns das schnell angehen.«

Er ist am 11. April gestorben und wir haben im Mai die Wohnung komplett leergeräumt. Da war sein Freund mit dabei, weil Sven seinen PC mit Passwörtern gesichert hatte. Wir haben zusammen geweint, haben uns in den Armen gelegen. Das war von Anfang an eine tiefe Beziehung. Das ist so schön und setzt sich bis heute fort.

Svens Tod war für mich und natürlich auch Michael ein unfassbar schmerzhafter Einschnitt. Sein plötzlicher Verlust wog schwer und tut es bis heute. Wir dachten, wir hätten noch so viel Zeit zusammen, jetzt, wo die alten Wunden aus der Kindheit endlich zu heilen begannen und dann hatte das Schicksal etwas ganz anderes vorgesehen.

Für mich taten sich viele Fragen auf, doch ich war auf meiner spirituellen Reise inzwischen so weit vorangekommen, dass ich nach Antworten suchte. Immerhin hatte ich ja schon erlebt, dass es möglich war, zu Verstorbenen Kontakt aufzunehmen.

Als die erste, ganz schlimme Trauer nachließ, suchte ich ein Medium auf. Ich hatte das starke Bedürfnis, mit Sven Kontakt aufzunehmen.

Zu jenem Zeitpunkt war er noch ganz nah, so dass der Kontakt relativ schnell zu Stande kam. Ich wollte wissen, wie seine letzten Stunden gewesen waren. Hatte er gelitten? Hätten wir etwas tun können? Wieder waren da diese Schuldgefühle, gepaart mit dieser Ohnmacht.

»Er ist jetzt hier«, sagte das Medium. »Du kannst ihm Fragen stellen.«

»Kannst du mir von deinem Tod erzählen?«, fragte ich und die Tränen schossen mir dabei in die Augen.

»Ich bin nachts aufgestanden«, sagte Sven über das Medium. »Eigentlich, weil ich zur Toilette musste, aber dann bin ich gestolpert und hingefallen.«

»Hattest du Schmerzen?«, wollte ich wissen.

»Ja, ein wenig in der Hüfte. Ich lag etwa eineinhalb Stunden so da. Ich war noch da, aber ich wusste auch, dass ich nicht wieder in die physische Welt zurückkommen würde. Ich konnte mich nicht bewegen oder Hilfe holen. Es war ein Schlaganfall.«

Einige Zeit nach seinem Tod suchte ich ein anderes Medium auf. Ich sagte dem Medium nicht, dass Sven gestorben war.

Ich wollte gerne wieder mit Sven sprechen, doch stattdessen meldete sich eine Cousine von mir. Da überkamen mich Zweifel. Ich habe nur eine Cousine und sie lebt noch.

Und während ich so darüber nachdachte, kam mir in den Sinn, dass mein Vater einen Bruder hatte, der im Ruhrgebiet mit seiner Frau gelebt hatte, und die hatten eine Tochter. Ja, sagte ich, ich hatte wohl eine Cousine. Da fiel mir noch nicht einmal der Name ein. Ich fragte, ob sie diese meinte.

Da sagte das Medium aber auf einmal: »Aber deswegen bist du nicht hier, oder?«

Ich schüttelte den Kopf und war im ersten Moment irritiert, was diese Frage bedeuten sollte.

»Du bist wegen deines Sohnes hier, richtig?«

Ich nickte.

Sven war dann auch gleich da. Sie beschrieb mir einige Wesenszüge von ihm, so dass ich sicher sein konnte, dass er es war. Und dann wurde es sehr intensiv. Sie erzählte mir Sachen aus seiner Sicht, die sie nicht wissen konnte, wie er mich gesehen hat. Dass er mich unendlich liebte und dass ich seine Mutter war und immer sein werde.

Dass, »egal was ich mache …«, da muss man nochmal die Wortwahl beachten: »… ob mit meinem Vater oder ohne meinen Vater, immer(!) bei dir sein werde!«. Und dass ich bitte mein Leben genießen soll. »Bitte tut das, was ich nicht getan habe. Tu, was du machen möchtest. Warte nicht, wie ich … genießt euer Leben!« Das war die Botschaft. Ganz explizit.

Auch dieses Medium sprach noch einmal über seinen Tod, wenngleich man dabei immer beachten muss, dass das Medium als Kanal für den Verstorbenen natürlich nicht frei davon ist, die eigene Wahrnehmung und die Gefühle einzubringen. Das ist nur menschlich. Sie bestätigte das, was ich bereits von dem anderen Medium erfahren hatte.

Ich weinte sehr viel, doch diese Begegnungen mit Sven gaben mir auch Frieden. Er hatte nicht gelitten, sondern gewusst, dass sein Übertritt bevorstand. Wir hätten ihn nicht retten können. Es war so vorherbestimmt.

Für meinen Mann war es sehr schwer. Die Trauer überwältigte ihn und er sagte mir in jener Zeit oft, wie froh er war, dass er mich hatte. Früher war er mit seinen Liebesbekundungen immer ein wenig sparsam gewesen, doch jetzt, in all der Trauer, konnte ich sehr deutlich spüren, wie nah wir uns waren, auf einer tiefen, seelischen Ebene. Er sagte: »Erst durch dich habe ich gelernt, was Liebe ist.« Was für ein wunderschönes Geschenk!

Ich nahm mir Svens Worte aus dem Channeling sehr zu Herzen. »Mach es jetzt, genieß es jetzt … und warte nicht auf später. Du siehst ja an mir, was passiert ist. So schnell kann es gehen und man ist tot«, das hörte ich ihn in meinen Gedanken sagen.

Was wäre denn, wenn ich eine Todesdiagnose bekommen würde, oder auch nur eine schwere Krankheitsdiagnose mit endlicher Lebenserwartung? Warum soll ich warten? Warum nicht schon jetzt gleich mein Leben so gestalten, wie ich es möchte? Warum nicht jetzt kürzer treten im Job? Warum nicht jetzt einen Tangokurs beginnen?

Es tat gut zu spüren, dass Sven noch immer da war. Oft, wenn ich an ihn dachte, konnte ich seine Anwesenheit ganz deutlich wahrnehmen. Manchmal war es fast so, als müsste ich nur blinzeln und er stünde vor mir.

In diesem Wissen, dass unsere verstorbenen Lieben auch nach dem Tod bei uns sind, liegt ein großer Trost. Viele halten das für Humbug, für eine Fantasie, an die man sich klammert, doch nach all meinen Erfahrungen mit dem Thema Tod weiß ich, dass das nicht stimmt. Sie gehen über in eine andere Welt, die mit unserer verwoben ist und wir können zu ihnen Kontakt aufnehmen. Die Liebe zueinander ist wie eine Brücke zwischen dieser und der anderen Welt.

In dieser medialen Sitzung zeigten sich noch viele andere Informationen, die ich jetzt erst richtig verstehen konnte.

Das Medium sagt mir, dass wir schon mehrere Leben miteinander verbracht haben, dass wir Seelenpartner sind, und das fühlte sich auch immer schon so an.

Mir wurde mitgeteilt, dass er bereitstehe, um mir dabei zu helfen, ein Buch zu schreiben, und genau das wird jetzt Wirklichkeit.

Es kursieren sehr unterschiedliche Ansätze dazu, was ein Seelenpartner ist. Ich kann es nur aus meiner Erfahrung heraus sagen. Zunächst einmal gibt es mehr als einen Seelenpartner oder es kann mehr als einen geben. Seelenpartner sind Seelen, mit denen wir in vergangenen Leben schon viel geteilt und erlebt haben. Ähnlich wie bei der beschriebenen karmischen Beziehung stellt sich sofort ein Gefühl einer großen Vertrautheit ein, doch anders als bei den karmischen Beziehungen endet nicht alles, wenn das Karma aufgearbeitet ist.

Seelenpartner verabreden sich miteinander, um sich in jedem Leben wiederzufinden und einander zu helfen, den jeweiligen Seelenplan zu verwirklichen. Ein Merkmal ist, dass durch die Begegnung mit dem Seelenpartner ein starkes seelisches und spirituelles Wachstum angestoßen wird, so wie ich es mit meinem Mann Michael erlebe. Wir sind auch Seelenpartner, gemeinsam mit Sven gehören wir zu einer größeren Seelenfamilie, die schon viel miteinander erlebt und geteilt hat.

Oft treten Seelenpartner erst dann in das Leben, wenn man schon viele schwierige Erfahrungen gemacht hat und bereit ist, den seelischen Wachstumsprozess anzugehen. Dieser ist oft schmerzhaft, doch wer ihn einmal beschritten hat, möchte ihn gegen nichts mehr eintauschen. Das kann ich nur bestätigen.

Erst seit ich mich mit den Themen Seele, Wiedergeburt und spirituelles Wachstum beschäftige, ergeben meine Erfahrungen einen tieferen Sinn, doch ich weiß auch, dass ich in jüngeren Jahren noch gar nicht bereit dazu gewesen wäre, diesen zu verstehen.

Lange war ich spirituellen Themen gegenüber auch eher skeptisch eingestellt, wie wohl die meisten Menschen. Es gibt ja auch die Kritik, dass das eine Art Flucht ist. Darüber habe ich lange nachgedacht und mich selbst in diesem Zusammenhang auch ergründet, doch ich kann eindeutig sagen, dass das nicht der Fall ist.

Im Rückblick kann ich klar erkennen, dass ich schon immer durch die geistige Welt geführt war, selbst in den schlimmsten und schmerzvollsten Augenblicken. Es blieb aber meine Entscheidung, ob ich mich diesem Wissen öffne. Auch nachdem ich es getan habe, blieben Zweifel und das ist auch normal. Schließlich sind wir Menschen auch rationale Menschen, die es gewohnt sind, mit ihrem Verstand zu urteilen und danach zu handeln.

Das spirituelle Wissen entspringt einer anderen Quelle. Es ist ein Erfahrungswissen, direkt aus der Herzmitte. Ich kann es nicht anders beschreiben, aber bei vielen Dingen weiß ich einfach, dass sie »wahr« sind, weil mein Herz es mir sagt. Vielleicht werden wir alle mit diesem Sinn für Wahrheit geboren, verlernen nur, darauf zu hören. Und wie immer ist die Liebe der größte Lehrmeister von allen.

Die Liebe ist das verbindende Element hinter allem. Wir Menschen sind häufig nur blind und taub, wir fürchten uns davor, uns der Liebe zu öffnen, denn zu lieben heißt auch, verletzlich zu sein, Verlust zu erfahren.

Und doch zeigt sich, dass die Antwort auf alle Fragen letztlich die Liebe ist. Sie ist die Urkraft unseres Universums, sie ist die Macht, die das große Spiel von Leben, Tod und Wiedergeburt lenkt. Wir werden wiedergeboren, um uns selbst zu begegnen und uns miteinander in Liebe zu verbinden.

Wenn wir einander verletzen, dann führt das Schicksal oder das Karma uns so oft wieder zueinander, bis wir uns in Liebe vergeben.

Es ist die Liebe, die uns zu unseren Seelenpartnern führt. Auch ich musste erst von der Liebe enttäuscht werden, musste schmerzhafte Erfahrungen machen, bis ich mich dieser Liebe öffnen konnte. Ich bin so dankbar für all das, was ich auf diese Weise lernen durfte, denn es hat mein Leben unendlich bereichert und tut es noch.

Viele Menschen streben dem Außen nach. Es geht um Besitz und Status, um das Haben und nicht um das Sein. Dabei vergessen sie, dass wir nichts davon mitnehmen können und dass das Leben endlich ist. Wir sind nicht hier, um Besitz anzuhäufen, um Macht zu erlangen oder Ruhm. Wir sind hier, um Erkenntnisse zu sammeln, die Spuren auf unserer Seele hinterlassen, denn diese Spuren nehmen wir tatsächlich mit in das nächste Leben.

Die Themen, die ich in diesem Leben lösen darf, lasse ich hinter mir und werde mir für mein nächstes Leben neue aussuchen, immer weiter, hin zu immer mehr Weisheit, Erkenntnis, Liebe und Bewusstsein. Wenn das allen klar wäre, wir würden alle weniger Zeit mit Dingen verschwenden, die unsere Seelen nicht weiterbringen, doch es bedarf tiefgreifender Erfahrungen, die alles in Frage stellen, um das überhaupt zu erkennen.
Außerdem haben wir immer die Wahl. Wenn uns etwas Schlimmes geschieht, dann können wir verrückt werden vor Traurigkeit, wir können wütend sein und verbittert werden. Es gibt keinen Automatismus, der seelisches Wachstum anstößt. Ich muss die Entscheidung treffen, wissen zu wollen, wie alles zusammenhängt und welche Ursache es hat. Dazu gehört auch Mut. Vielleicht erfahre ich Dinge über mich selbst, die ich nicht wissen wollte, die mein Bild von mir in Frage stellen.

Es ist sehr verbreitet, dass sich Menschen als Opfer der Umstände sehen. Das ist eine bequeme Haltung, auch wenn es nicht so aussieht. Sie beklagen sich, sie fordern und erkennen nicht, dass nur sie selbst es sind, die etwas verändern können. Damit will ich nicht in Abrede stellen, dass wir tatsächlich Opfer sein können. Worum es geht, ist, wie ich damit umgehe. Was mache ich aus diesen Umständen? Es steht mir jederzeit frei, sie zu nutzen, um etwas über mich selbst zu lernen, um den Erkenntnisreichtum meiner Seele zu vertiefen und so ein Stück ganzer und bewusster zu werden. Es ist eine lange Reise und wo sie am Ende hinführt, das wissen wir nicht genau. Doch ich weiß, dass wir alle aus einem Grund hier sind. Jeder von uns hat eine einzigartige Aufgabe. Und wir sind alle miteinander verbunden.

Manchmal treten Menschen in unser Leben, die uns regelrecht triggern. Sie ärgern uns, sie bringen etwas in uns an die Oberfläche, das wir gar nicht mögen. Auch diese Begegnungen sind wichtig, denn sie zeigen uns, dass es da etwas in uns gibt, das wir in das Unterbewusstsein verdrängt haben, das wir nicht sehen wollen, das wir aber jetzt heilen und in unsere Seele integrieren können, wenn wir es möchten.

Es steht uns aber genauso frei, diese Gelegenheit verstreichen zu lassen, nur werden wir dann mit diesem Thema immer und immer wieder konfrontiert, bis wir die Lektion gelernt haben.

Der persische Sufi-Mystiker Rumi schrieb einst den Satz: »Eine Wunde ist ein Ort, durch den das Licht einfällt.«

Für mich ist das ein sehr wichtiger Satz. Es sind gerade unsere schlimmsten, unsere schmerzhaftesten Erfahrungen, die für unsere Seele das größte Wachstumspotenzial bereithalten. Wir können das nicht immer erkennen, vor allem dann nicht, wenn wir mitten in einer Krise stecken, aber genau dazu gibt es ja Seelenpartner, unsere Seelenfamilie und viele andere Helfer aus der geistigen Welt. Sie sind da und stehen uns zur Seite, auch wenn wir sie nicht sehen können. Alles, was es braucht, ist unsere Bereitschaft, auf die Liebe zu vertrauen und dem Ruf unserer Seele zuzuhören.

Ich erinnere mich daran, dass mich meine starke Verbindung zu Sven manchmal irritierte. Ich fragte mich: Ist das alles so richtig? Schließlich bin ich nicht seine leibliche Mutter. Das war mein Verstand, der sich da meldete.

Doch mein Herz und meine Seele gaben mir die Antwort und sie wurde mir nach seinem Tod auch noch mehrfach bestätigt.

***

Mein Mann und ich nahmen an einer medialen Veranstaltung teil, bei der ich darum bat, die Akasha-Chronik zu öffnen und mir etwas über meine Verbindung zu Sven zu erzählen.

Wir waren tatsächlich einmal Bruder und Schwester in einem früheren Leben. Es war in einem früheren Jahrhundert gewesen, einem ganz alten Leben.

Er war mein kleiner Bruder, ich die große Schwester. Ich wollte damals – das setzt sich bis heute fort – etwas lernen, wollte besser werden, mein Leben in die Hand nehmen. Ich war mit dem Bruder sehr liebevoll verbunden. Unsere Eltern lebten nicht mehr. Er bestärkte mich, diesen Ort zu verlassen, in die große Stadt zu gehen, um dort etwas zu werden. Das blieb mir aber verwehrt, Frauen durften in dem Zeitalter nicht. Ich habe dann die niedrigsten Arbeiten gemacht und musste mir eingestehen: Ich kriege das nicht hin. Ich ging wieder nach Hause zu meinem Bruder zurück. Da war aber auf einmal eine Frau, die er in der Zwischenzeit geheiratet hatte, unsere innige Verbindung wurde unterbrochen. In unserem jetzigen Leben haben wir uns wiedergefunden und konnten das heilen.

Es ist bezeichnend, dass in diesem Leben weitere Themen dazukamen. Mich hat der Verlust meiner beiden Kinder sehr geprägt. Sven hingegen hatte ein sehr schwieriges Verhältnis zu seiner leiblichen Mutter, er wollte sie auch nie Mutter nennen. Obwohl er schon ein junger Erwachsener war, als ich in sein Leben trat, wurde ich zu seiner Mutter. So konnte er die Verletzung, die er als Kind durch seine Mutter erlebt hat, ein Stück weit heilen und auch ich habe ein wenig Heilung erfahren dürfen, nachdem ich meine beiden anderen Kinder so früh verloren hatte. Mir war es immer wichtig, meine Verlusterfahrungen nicht auf Bianca, meine Tochter, zu projizieren. Sie sollte frei davon sein und ich kann heute sagen, das ist sie auch.

Bei Sven war das anders. Er brauchte mich als Mutter und ich durfte mit ihm noch einmal ein Kind haben. Er blieb in der Rolle, mich zu bestärken und nicht immer in meiner Komfortzone zu bleiben. Ich glaube, das ist etwas, das unsere Seelen schon in vielen Leben getan haben.

So wollte ich zum Beispiel immer schon einmal Fallschirmspringen, traute mich aber nie. Kurz nach Svens Tod machte ich spontan einen Termin und wagte mich. Es fühlte sich an, als ob ich jetzt erst den nötigen Elan bekommen hatte, es auch wirklich zu tun.

Es war ein unbeschreibliches Gefühl dort oben aus 4.000 m Höhe aus dem Helikopter zu springen. Mit dem Kopf im Nacken, angelehnt an die Schulter meines Tandemmasters gab es einen ca. 1-minütigen, freien Fall. WOW, was für ein Gefühl, was man kaum in Worten beschreiben kann. Anschließend öffnet sich der Fallschirm und dann ist nur noch »Frei-Schweben« angesagt. Mit einem fantastischen Blick auf die Stadt und die umliegenden Felder. Alles wirkt so klein und zerbrechlich und es wird einem wieder mal die eigene Unwichtigkeit bewusst. Schließlich mit angewinkelten Knien und nach oben gerichteten Zehen, um dann auf dem Po rutschend, auf der Wiese zu landen.

Voller Adrenalin, mit Tränen in den Augen und mit vollem Stolz hat einen der Boden wieder. Es war eine echte Grenzerfahrung für mich und es fühlte sich so unendlich gut an. Das Beste war, dass Sven, sowie alle meine vorausgegangenen Lieben mit dabei waren und mich mental unterstützt haben.

Mein Mann, meine Tochter und meine Enkel haben mich direkt am Flugplatz angefeuert und unterstützt.

Ganz oft habe ich das Gefühl, dass mir Sven durch Symbole und Zeichen zeigt, dass er da ist. Das Finden der Herz-Steine ist nur ein

Beispiel dafür. Mal ist es eine einzelne Rose an einem ansonsten nackten Strauch oder ein Windrad, das sich plötzlich dreht, wenn ich vorübergehe, obwohl gar kein Wind geht. Mein Herz sagt mir dann: Das ist Sven. Das ist jene Herzenswahrheit, von der ich schrieb. Sie lässt sich nicht empirisch beweisen und wer sie nicht selbst erfahren hat, wird sie als Unsinn abtun, doch ich weiß, dass es viele Menschen gibt, die genau wissen, was ich beschreibe. Diese Erfahrungen sind universal, viele Menschen zu allen Zeiten und in allen Regionen haben sie gemacht und machen sie noch, sie sind Teil unseres Erfahrungsschatzes als Erdenwesen mit einer unsterblichen Seele. Nichts geschieht aus Zufall. Das Leben mag uns oft chaotisch, unfair, unübersichtlich erscheinen, doch alles folgt einem feingesponnenen Muster, das wir erkennen können, wenn wir nur bereit dazu sind.

Auch mir gelingt das nicht immer. Beim Schreiben dieses Buchs überkommen mich unendlich viele Zweifel. Doch dann spüre ich Sven, der mir sagt, dass alles gut ist, dass ich vertrauen soll und dass meine Worte wichtig sind. Es gibt da draußen Menschen, die sie lesen müssen, um ihren Seelenweg fortzusetzen. Wir sind eben alle einander Gefährten, auch wenn wir das oft vergessen und wahlweise zu Gegnern oder Einzelkämpfern werden. Aber das stimmt nicht! Ich las mal irgendwo, das Wichtigste an unserer Lebensreise sei nicht das Ziel, sondern die Gemeinschaft, in der wir sie unternehmen und das stimmt.

Mein Mann Michael versteht mich. Wir können über alles sprechen und uns austauschen. Sven kommt ihn sogar manchmal nachts besuchen, in seinen Träumen. Darum beneide ich ihn. Erst hat er mir davon nichts erzählt, weil es ein Thema berührte, das ihm schwer zu schaffen machte.

Er hatte Gedanken wie: Jetzt ist mir alles genommen worden. Jetzt habe ich wieder etwas Geld. Aber es ist von meinem toten Sohn. Als alleinstehender Mensch hat er ihm relativ viel vermacht. Das ist für ihn ganz schwer (geringe Rente). Warum hat er das vermacht? Hätte er es mal lieber ausgeben sollen.

Da erscheint Sven nachts in seinem Traum, ganz normal angezogen (er war immer schwarz gekleidet). Sven hat nichts gesagt. Mein Mann wusste aber genau, was er vermitteln wollte: Was machst du denn hier? Du lebst ja! Was machen wir jetzt? Wir haben deine ganze Wohnung aufgelöst. Wo willst du denn wohnen? Du hast ja gar kein Geld mehr. Er hatte viele Schuldgefühle und diese aufzulösen, ist ein Prozess, bei dem ihm Sven mit seinen Besuchen hilft.

Ich wünsche mir sehr, dass mich Sven auch eines Tages in meinen Träumen besucht, obwohl ich inzwischen durch mediale Sitzungen weiß, dass seine Seele wieder inkarniert ist. Er hat eine neue Seelenreise angetreten. Doch da die Gesetze von Zeit und Raum für Seelen nicht gelten, kann er gleichzeitig bei uns sein und schon in seinem neuen Leben. Das zu akzeptieren, hat erst einmal gedauert, doch es spendet mir großen Frieden. Ich weiß, dass ein Teil seiner Seele jetzt als kleiner Junge irgendwo in Norwegen wieder geboren wurde.

Meine Reise zu mir selbst geht weiter. Ich darf noch viel lernen, auch dank der Menschen um mich herum. Immer mal wieder treffe ich auch auf Menschen, die mich »triggern«. Auf einmal fühle ich mich klein, nicht gesehen, übergangen. Dann ist da die kleine Kerstin in mir, die versucht, es allen Recht zu machen, Harmonie herzustellen, geliebt zu werden. Doch ich lerne, dass ich nicht mit jedem klarkommen muss. Ich muss auch nicht von jedem gemocht werden.

Ein anderes Extrem ist, dass ich mich einigele, abschotte, niemand an mich heranlasse. Das ist natürlich Selbstschutz und auch nicht immer richtig, denn nicht jeder, der mich »triggert«, will mir etwas Böses. Diese alten Muster und Prägungen aus der Kindheit zu überwinden, ist sehr schwierig und kann ein ganzes Leben lang andauern. Sie überhaupt zu erkennen und sich bewusst zu machen, ist aber ein erster Schritt dorthin. Vor allem rufe ich mir in das Gedächtnis, dass es ja nicht nur mir so geht, sondern meinem Gegenüber auch. Wir sind alle irgendwie verwundet und haben unsere unbewussten Prägungen.

Auf meiner Seelenreise war die Begegnung mit meinem Mann Michael und mit Sven die nächste Station, sozusagen die »Belohnung« dafür, dass es mir gelungen war, die Themen meiner Familie anzuschauen und in die Heilung zu bringen. Ich erfuhr Tiefe, Bereicherung und Weiterentwicklung in der Begegnung mit meinen beiden Seelenpartnern. Aber Sven sollte mich noch einmal mit einem Trauma konfrontieren, das ich bis zu diesem Zeitpunkt noch gar nicht bearbeiten konnte: dem Verlust meiner Kinder. Indem er starb, musste ich hinschauen. Die ganze verdrängte Trauer kam wieder nach oben. Es schloss sich die letzte, tiefe Seelenerkenntnis an, dass letztlich auch solche schmerzhaften Erfahrungen Dinge sind, die im Himmel verabredet wurden. Ich habe mich bereit erklärt, diesen beiden Kindern eine Mutter zu sein, obwohl das so viel Schmerz bedeuten würde. Der Schmerz um ihren Verlust hat mir aber auch die Kraft gegeben, in meinem Leben tiefer zu schürfen, genauer hinzusehen, mich nicht mit dem abzufinden, was falsch ist, so wie es meine Mutter und meine Oma getan haben. Und er hat mich zu Sven geführt. In der Beziehung zu ihm durfte ich lernen, dass es tatsächlich ein höheres Wissen oder eine höhere Bestimmung gibt, die sich mit dem Verstand allein nicht erklären lässt. Wer weiß, ob mir das ohne ihn gelungen wäre – vermutlich nicht. Sein Tod hat mich letztlich gelehrt, dass wir uns im Leben an nichts klammern sollten. Wir müssen uns dazu entscheiden, selbst Verantwortung für uns und unsere Seelenreise zu übernehmen, damit wir keine negativen Auswirkungen auf andere zu haben (Stichwort Karma). Am Ende steht die Erkenntnis, dass all diese Dinge letztlich Ausdruckskraft ein und derselben Macht sind, die alles bewegt und sich von Zeit und Raum nicht beeinflussen lässt: der Liebe. Durch meine tiefe Liebe zu Michael schließt sich der Kreis. Die Traumata meiner Ahnenreihe sind in das Licht geholt und aufgelöst, wir führen eine Beziehung auf Augenhöhe. Der Kreislauf aus unterdrückerischen Beziehungen und unglücklichen Töchtern ist durchbrochen.

Seit Svens Tod habe ich mich auch den Themen aus meiner Vergangenheit noch einmal gewidmet. Wenn ich an meinem Verhalten etwas nicht verstehe, frage ich mich inzwischen immer: Warum bist du so? Und dann gehe ich dem nach. Meistens dringe ich irgendwann zu der Ursache vor.

Es gab da einen Missbrauchsfall von Kindern, wo die Mutter die Laube zur Verfügung gestellt hat. Das haben wir gesehen. Mein Mann hat dann, wie so oft, seine Hand auf meinem Oberschenkel liegen gehabt. Auf einmal war es so, als wäre ein Schalter umgelegt worden. Ich konnte diese Hand auf einmal nicht gut ab, konnte sie nicht mehr liebevoll annehmen und konnte es auch nicht zurückgeben.

Ich schrieb diese Situation auf, ging früh zu Bett und suchte nach einer Verbindung zur spirituellen Welt, um zu verstehen, was da mit mir los war. Da war auf einmal die klare Erkenntnis, ich bin in Gewalt gezeugt worden! Meine Mutter ist von meinem Vater unter Gewalt genommen worden. Das erklärt auch meine Antwort damals bei einem Coaching auf die Frage, was ich kurz vor der Geburt im Bauch meiner Mutter fühlte. Ich will nicht raus!

Ich habe während der Schwangerschaft die ganzen Ängste, den Widerstand und Ekel meiner Mutter gespürt. Sie wollte mich nicht haben. Nicht, weil sie mich als Kind nicht wollte, sondern aus Angst, dass mein Vater mich auch missbrauchen würde. Was er ja tatsächlich getan hat, physisch und seelisch.

Was wir im Mutterleib, vor unserer Geburt, erleben, hat einen nachhaltigen Einfluss auf uns. Wir können sogar schon im Mutterleib traumatisiert werden, je nachdem, was die Mutter erlebt und an uns weitergibt und was wir über die Welt, in die wir geboren werden, mitbekommen.

Ein Kind, das nicht gewollt ist, spürt das schon im Mutterleib und wird das sein Leben lang mit sich herumschleppen. Das Schwierige daran ist, dass wir das ja nicht bewusst in Erinnerung haben. Trotzdem ist es da.

Ich habe gelernt, dass alle Gefühle, die sich zeigen, erst einmal da sein dürfen. Sie haben ihre Berechtigung und sie zu verdrängen, bringt nichts, im Gegenteil, das macht alles nur noch schlimmer.

In dieser Situation stieg Wut in mir hoch und unendliche Traurigkeit – und noch immer das Gefühl, es nicht wert zu sein, hier zu sein. Da waren auch starke Schuldgefühle – durch mich ist es zu Gewalt gekommen. Ich hätte abgehen oder abgetrieben werden sollen. So denke ich, hat meine Mutter zu Beginn der Schwangerschaft gedacht. Doch das ist Vergangenheit und ich darf diese Gefühle heute fühlen, aber sie sind für mich nicht mehr relevant. Ich bin heute ich – und das ist gut so.

Was diese Situation mir auch zeigte, war, dass unsere Seele über enorme Selbstheilungskräfte verfügt. Oftmals haben wir ja dieses Bild einer starken psychischen Verletzlichkeit und das stimmt einerseits auch, vor allem in unserer Kindheit.

Doch es gibt da noch eine andere Seite. So wie unser Körper sogar schwere Wunden heilen kann, solange sie nicht tödlich sind, so kann auch unsere Seele Wunden heilen. Wir wissen nur nicht (mehr), wie das geht. Ein starkes negatives Gefühl, das wir zunächst nicht einordnen können; psychosomatische Beschwerden sind zunächst einmal ein Symptom. Das Symptom ist nie die Ursache, es deutet auf etwas hin. Wir neigen aber dazu, das Symptom zu bekämpfen, zum Beispiel durch Medikamente, Ablenkung oder indem wir die Gefühle unterdrücken und verdrängen.

Wenn wir den Mut haben, diesen Gefühlen nachzuspüren und uns zu fragen: Was ist es denn, was sich da meldet? Dann habe ich die Erfahrung gemacht, dass unsere Seele uns den Weg weist, etwa durch innere Bilder oder indem solche Erkenntnisse wie oben beschrieben einfach auftauchen. Diese können zunächst einmal schockierend, aufwühlend und schmerzhaft sein, doch sie anzunehmen, ist der erste Weg zur Heilung. Dann braucht es das Symptom nicht mehr. Wir begegnen den Dingen an der Wurzel und lösen sie auf. Das ist auch der Grund, weshalb sich solche Dinge oft gerade dann zeigen, wenn wir entspannt sind, im Urlaub oder im Feierabend. Unsere Seele mutet uns nur so viel zu, wie wir auch verarbeiten können. Im totalen Stress oder unter Anspannung sind keine Ressourcen für eine Seelenheilung da.

Im Schamanismus spricht man davon, dass jedes Mal, wenn wir etwas Schlimmes erleben, ein Teil von unserer Seele abgespalten wird. Ich finde, das ist ein interessantes Konzept. Schamanische Arbeit bedeutet, diese verlorenen Seelenanteile wieder zurückzugewinnen. Wenn wir uns jetzt vor Augen führen, wie weit in die Menschheitsgeschichte Schamanentum überall auf der Welt zurückreicht, dann ist das für mich ein Hinweis darauf, dass jede Seele nach Integration und Heilung strebt.

Auch Schamanen arbeiten mit Symbolen, Zeichen und inneren Bildern. Sie öffnen sich dem Unterbewusstsein, manchmal ja sogar mit Trancetechniken oder Substanzen. In früheren Zeiten waren sie die spirituellen Experten, die unseren Seelen halfen, sich selbst zu heilen. Jede Krankheit, so glaubt man im Schamananismus, hat eine spirituelle Ursache. Etwas ist aus der Balance geraten und kann mit den richtigen Mitteln wieder in das Lot gebracht werden.

Eine Seele, deren Ruf nach Heilung zu lange ignoriert wird, muss irgendwann zu immer drastischeren Mitteln greifen. So wird aus einem unangenehmen Gefühl oder einem bloßen Symptom eine Krankheit. Zwischen Seele, Körper und Geist besteht eine enge Verbindung, aus ihrem Zusammenspiel ergibt sich unser Bewusstsein. Wir können uns entscheiden, ob wir »hinhören« und »hinfühlen« wollen, doch wenn wir es nicht tun, dann verschwinden die Wunden unserer Seele dadurch nicht.

Ich habe die Erfahrung gemacht, und das auch aus der geistigen Welt bestätigt bekommen, dass es leichter wird – und leichter werden darf. Je mehr ich mich mit Seelenthemen und Spiritualität beschäftige, umso freier kann sich meine Seele entfalten. Sie muss mir keine Krankheiten wie meinen Durchfall oder meine Unterleibsbeschwerden mehr schicken, damit ich merke, dass da etwas in mir Heilung braucht, dass es da etwas gibt, das ich mir anschauen muss. Ich bin in einem besseren Kontakt mit mir selbst. Oftmals ist es ja so, dass wir das, was uns Angst macht oder uns unangenehm ist, regelrecht von uns wegstoßen. Unbewusst bekämpfen wir es. Ich bin heute im Frieden mit mir und meinem Körper und ich höre meiner Seele zu, auch wenn ich nicht sofort alles verstehe, was sie mir mitteilt. Oft funkt der Verstand dazwischen, der alles kritisiert oder abwertet. Dann ist es gut, diese Erfahrungen mit jemandem zu teilen und so durch einen anderen gespiegelt zu bekommen, etwa durch ein Channeling. Ich bin immer wieder baff erstaunt darüber, was sich da alles zeigt und bestätigt.

Ich weiß heute, dass meine Seele mit mir spricht, auch durch Dinge, die sie mir zeigt. Das hat sie immer schon, nur war ich da noch nicht so bereit dazu. Ich erinnere mich an eine Begebenheit. Es war ein Tag, an dem es mir nicht so gut ging. Auf einmal lag da direkt vor mir ein Schnuller. Ich hob ihn auf und sah mich um und da war ein Haus, an dem Babywäsche hing. Dort stand: »Herzlich willkommen, Daniel.«

Das hat mich sehr berührt, doch damit war die Geschichte noch nicht zu Ende. Am nächsten Tag, als ich aus dem Haus trat – ich kam gerade von einem Channeling –, begegnete ich der Mutter mit dem Kinderwagen.

»Ist das der kleine Daniel?«, fragte ich sie.

Die Mutter war sehr erstaunt, woher ich das wusste. Ich erzählte ihr von dem Schnuller und dann durfte ich den kleinen Mann anschauen und erzählte, dass mein Sohn auch Daniel hieß. In dieser kleinen Begebenheit steckt so viel Heilung drin.

Ich bin mir absolut sicher, dass jeder Mensch diese besondere Art der Kommunikation mit seiner Seele, seinem höheren Selbst oder der spirituellen Welt erfahren kann, wenn wir nur bereit dazu sind. Alltagsstress, negative Gedanken und so weiter »verstopfen« unsere Kanäle und hindern so unsere Seele daran, sich selbst zu heilen und sich zu entfalten. Und so bleiben wir verwundet und verschenken so viel Potenzial an Lebensfreude und Glück. Ich bin fest davon überzeugt, dass auch Coaches oder ein Medium letztlich nur Impulsgeber sind, damit unsere Seelen ihren Weg finden, doch gehen müssen wir ihn allein. Wir müssen vor allem zuerst einmal die Entscheidung treffen, ihn überhaupt gehen zu wollen. Das ist die Sache mit unserem freien Willen, den wir alle nun einmal haben. Wir können uns gegen unseren Seelenplan sträuben und ständig gegen Widerstände kämpfen. Wieso ist mein Leben so und nicht so? Die Antwort ist: weil ich es mir so ausgesucht habe, um aus diesen Erfahrungen zu lernen und zu wachsen und meine Aufgabe hier in diesem Leben zu erfüllen.

Sven und Michael, meine beiden Seelenpartner, haben mir dabei geholfen, meinen Seelenplan zu erkennen und ihm zu folgen und ich kann nur bestätigen, dass es tatsächlich leichter wird. Es bedeutet nicht, dass man keine Sorgen mehr hat – die haben wir alle. Doch seit ich weiß, dass alles einen tieferen Sinn hat und einem höheren Zweck folgt, kann ich viel leichter meinen Frieden damit machen. Ich rege mich nicht mehr so schnell auf oder verschwende sinnlos Energie. Ich bleibe bei mir. Die Wahrheit ist: Wir können die Welt und die Menschen darin nicht verändern, wir können nur an uns selbst arbeiten. Und das ist die schwerste, aber auch zugleich schönste Aufgabe von allen! Keiner von uns weiß, wie viel Zeit ihm hier auf Erden gegeben ist, das hat mir Svens Tod so deutlich vor Augen geführt, deshalb sollten wir jeden Tag nutzen und so glücklich sein, wie wir nur können. Glücklich zu sein, heißt nichts anderes, als in der höchsten Schwingung, der Liebe, zu sein.

Wir Menschen können so viel füreinander sein. Wir können uns von unseren Erfahrungen erzählen, uns Trost spenden und uns gegenseitig auf unserem Seelenweg helfen. Das würde vieles so viel leichter machen.

Doch leider gehört es auch zur Wahrheit, dass es Menschen gibt, die regelrechte Energieräuber sind. Meiner Erfahrung nach sind das Menschen, die schon vor langer Zeit von ihrem eigenen Seelenweg abgekommen sind. Sie haben sich so sehr von der Wahrheit ihrer Seelen entfernt, dass sie keinen Kontakt mehr aufnehmen können. Es fehlt ihnen an der wichtigsten Energie – der Liebe. Also saugen sie andere Menschen aus.

Ich bin von meinem Wesen her eine Geberin. Es macht mich glücklich, zu geben und für andere da zu sein. Das macht mich anfällig für Energieräuber. Ich denke dann, ich kann ihnen helfen, und merke nicht, dass mein Energielevel sinkt. Michael macht mich dann darauf aufmerksam, dass ich mich verändere. Das anzunehmen, ist gar nicht so einfach. Man möchte ja eigentlich den Menschen nichts Schlechtes unterstellen, sondern im Vertrauen handeln.

Ich habe beispielsweise nach dem Tod meiner Mutter eine Ausbildung zur Sterbebegleiterin gemacht und traf dann auf eine Frau, deren Mann verstorben war. Ich war viel für sie da, investierte Zeit und Gefühle und merkte gar nicht, dass sie mich leersaugte, bis Michael mich darauf aufmerksam machte. Es hatte nichts mit ihrer Trauer zu tun, sie war einfach so.

Es ist vollkommen legitim, sich dagegen abzugrenzen. Jeder von uns kann frei entscheiden und manche entscheiden sich eben auch für die totale Blockade und Verweigerung. Sie müssen dann eben noch oft wiederkommen. Auch das ist eine Erfahrung, die die Seele eben machen muss, doch nur weil ich spirituell unterwegs bin, heißt das nicht, dass ich mich aufopfern muss. Jeder ist für sich selbst verantwortlich. Wir können niemand seinen Seelenweg abnehmen. Ich habe für mich die Lektion darin erkannt, nicht immer in einem Übermaß helfen und unterstützen zu wollen. Da steckt ja auch schon wieder der Wunsch nach Anerkennung und Geliebtwerden drin, mein Kindheitsthema.

Hingegen weiß ich, dass ich von Begegnungen mit Menschen, die sich mit ähnlichen Themen beschäftigen und auf der gleichen Reise bin, regelrecht energetisiert bin. Die Zeit vergeht wie im Flug, man hat das Gefühl, sich schon lange zu kennen. Das ist dann besonders schön, aber es ist auch okay, wenn das nicht so ist. Meine Reise ist meine Reise und sie findet unabhängig von den anderen statt.

Sicher gibt es auch viele, die dem, was ich hier in dem Buch erzähle, widersprechen, weil es nicht ihren Erfahrungen entspricht. Auch das ist in Ordnung. Es sind ja meine Erfahrungen und nicht die aller. Doch worum es mir geht, ist, dass wir eigentlich alle wissen, dass unsere Welt und unser Leben so viel mehr sind als nur arbeiten gehen, funktionieren, vor der Glotze herumhängen. Jeder Mensch spürt irgendwann irgendwie, dass da noch mehr ist und ich möchte diesen Menschen Mut machen, diesem Gefühl nachzugehen.

Es ist nicht verrückt und hat nichts mit esoterischer Spinnerei zu tun, sondern es deckt sich mit den Erfahrungen von Millionen von Menschen auf der Welt. Einige gießen das in eine religiöse Form, andere hängen irgendwelchen Lehren an und wieder andere machen es ganz mit sich aus.

Das Schlimmste ist doch, wenn wir eines Tages sterben und merken, dass wir womöglich gar nicht richtig gelebt haben. Das ist es, was ich von Sven gelernt habe, und es ist mir so wichtig, dass ich meine ganzen Ängste und Zweifel überwunden habe und dieses Buch schreibe.

Die Erfahrung mit diesem Buch ist eine besondere. Sie ist eng mit Sven verbunden. Ich schreibe diese letzten Zeilen wenige Tage nach seinem zweiten Todestag. Die ganze Zeit über habe ich das Gefühl, dass er nah bei mir ist. In mehreren Readings sagte er mir, dass er dieses Buch mit mir schreiben und mir sogar diktieren wird und tatsächlich hatte ich bei mehr als einem Absatz das Gefühl, dass das gar nicht ich bin, die da schreibt.

Wir denken oft, dass wir gar nichts Wichtiges zu sagen haben. Wir schauen uns die Bilder von Prominenten an und bekommen einen Einblick in ihr Leben und dann fühlen wir uns unbedeutend und erschreckend durchschnittlich.

Doch auf der Seelenebene stimmt das nicht. Jeder von uns ist einzigartig, mit seinen Fähigkeiten, Erfahrungen und seinem Potenzial. Und auch wenn jeder auf seiner Reise ist, so sind wir doch miteinander verbunden. Stellen wir uns eine Welt vor, in der die Menschen mehr nach innerer Heilung und seelischer Entwicklung streben würden statt nach Macht, Geld oder Ansehen. Es wäre ein vollkommen anderes Miteinander. Gerade weil sich so viele dafür entscheiden, ihr Leben anderen Dingen zu widmen, ist die Welt so, wie sie ist. Ich schreibe das, während ein Krieg ungewissen Ausgangs in der Ukraine tobt und viele Menschen Angst haben. Angst war schon während der vergangenen zwei Jahre mit der Corona-Krise ein großes Thema und jetzt ist es noch verstärkt da.

Auf der Ebene des kollektiven Unterbewusstseins stehen wir alle im Austausch miteinander. Die Ängste der anderen machen etwas mit mir, ob ich will oder nicht. Ganz gleich, wie sehr ich mich abgrenze: Wenn der öffentliche Raum voll Aggression, Spaltung und Trennung ist, dann bin auch ich davon betroffen.

In den öffentlichen Debatten geht es oft darum, wer besser oder schlechter ist. Der eine wird verteufelt, weil er das denkt und sagt, die andere wird in den Himmel gelobt, weil sie die richtige Haltung hat, bis sie etwas Falsches sagt.

Als Seelen gibt es kein Besser oder Schlechter. Es gibt Seelen, die haben schon viele Leben hinter sich gebracht und viele Lektionen gelernt. Sie sind hier, um anderen Seelen zu helfen. Andere Seelen stehen noch am Anfang und haben noch viele Lektionen vor sich. Doch wir brauchen einander, um als Seelen und Menschen überhaupt Erfahrungen machen zu können. Wie sollten wir lernen, was Liebe ist, wenn wir allein wären? Wie sollten wir verstehen, was Hoffnung, Mut, Vertrauen, aber auch Schmerz und Enttäuschung sind, wenn wir einander nicht hätten? Wie sollten wir heil werden, wenn uns niemand zeigt, wie Heilung eigentlich funktioniert?

Das können wir nur voneinander lernen. Jeden Tag, jede Minute haben wir die Chance, die Welt ein kleines bisschen besser zu machen. Wir denken oft: Was soll ich allein schon ausrichten? Aber das stimmt nicht. Jeder von uns zählt. Jeder macht einen Unterschied, im Positiven wie im Negativen. Wir können jeden Tag die Entscheidung treffen, wie wir dieses Leben und die Zeit hier auf Erden nutzen wollen und indem wir unserem Seelenweg folgen, tun wir das nicht für uns, sondern für uns alle. Mit jedem von uns, der sich den Wahrheiten seiner Seele öffnet und auf Erkundungsreise geht, was es da in uns zu entdecken gibt, wird die Welt ein wenig heiler.

Nur verletzte, ungeheilte Menschen sind aggressiv und tun einander weh. Sie agieren aus ihren ungeheilten, abgespaltenen Seelenanteilen heraus. Es ist besonders schlimm, wenn Kinder Opfer solcher Menschen werden. Die Spuren begleiten sie ein Leben lang und können alles überschatten. Ich bin mir, wie schon erwähnt, sicher, dass Sven nicht so früh gestorben wäre, wenn seine Kindheit anders verlaufen und vor allem das Verhältnis zu seiner leiblichen Mutter ein anderes gewesen wäre.

Natürlich kann man jetzt sagen, dass sich Svens Seele diese Kindheit ein Stück weit ausgesucht hat, doch man darf dieses Konzept nicht dazu missbrauchen, um uns von Verantwortung freizusprechen. Jeder von uns hat die Verantwortung, das eigene Leid nicht anderen aufzubürden, egal in welcher Form. Ich weiß, dass es oft heißt, auch Menschen mit stark negativen Eigenschaften hätten ihre Gründe dafür und könnten es nicht besser.

Dem muss ich widersprechen. Wir haben immer die Wahl. So schmerzhaft und so unangenehm das zugleich ist, wir haben immer die Wahl. Kein Leid, das ich erfahren habe, darf als Rechtfertigung dafür dienen, dass ich anderen Leid zufüge. Tue ich es trotzdem, bin ich mittendrin in der Karma-Schleife. Es spielt keine Rolle, ob ich an Karma »glaube« oder nicht, es ist Realität und mit meinen Entscheidungen webe ich mein Schicksal, nicht nur für dieses Leben, sondern auch für alle kommenden.

Karma ist nicht das Gleiche wie mein Seelenplan, auch wenn es zu meiner Seelenreise dazugehört. Es ist etwas, das »abgearbeitet« werden muss und das mich in meiner Entwicklung verzögern und aufhalten kann. Nicht jedes schwere Schicksal ist Ausdruck von Karma, vielmehr macht Karma es uns viel schwerer, unseren Seelenweg anzunehmen und ihm zu folgen. Der einzige Weg hinaus sind Liebe und Vergebung.

Auch das durfte ich von Sven lernen. In meinem Drang nach Wissen fragte ich in einem Channeling nach seinen Erfahrungen in der Kindheit. Als er noch lebte, haben wir nie darüber gesprochen, einfach, weil ich spürte, dass es ein viel zu sensibles Thema war.

»Das musst du nicht mehr wissen«, sagte er. »Es würde dich nur unnötig belasten. Vielleicht würdest du in Wut und Zorn verfallen und das wäre nicht gut für dich. Es ist längst vergeben und in der Liebe, die zwischen dir und mir ist, aufgelöst und geheilt.«

Einzig die Liebe hat die Kraft, Karma zu überwinden. Sie überwindet selbst den Tod. Hundertfach, vielleicht millionenfach sind diese Worte schon gesagt und geschrieben worden und doch entfalten sie in ihrer Wahrheit jedes Mal eine ganz neue Wucht. Sie sind wie ein Licht in der Dunkelheit, das nicht verlöschen kann. Was wir lieben, bleibt. Es hinterlässt eine Spur, die stärker ist als jeder Hass, als Zorn, als alles, was wir einander antun können.

Wir können uns in jedem Augenblick für die Liebe entscheiden und dieses Licht stärker werden lassen. Damit machen wir die Welt zu einem besseren Ort, in den wir und alle, die wir lieben, eines Tages als Neugeborene wieder zurückkehren werden.

Es ist unsere Liebe, die den Unterschied macht. Wen wir wahrhaftig lieben, den können wir niemals verlieren.

Das Leben, es verläuft in Wellen, wir selbst sind die Wellen eines unendlich großen Ozeans, Teil eines großen Ganzen, verbunden durch Bewegungen, die wir selbst nicht komplett verstehen, doch nichts geschieht ohne Ursache. Nach allem, was ich heute weiß, sage ich, es ist die Liebe selbst, die den Wellengang unseres Lebens verursacht, das beständige Auf und Ab unserer Seelenwege, so verschlungen und rätselhaft sie auch sein mögen, sie alle folgen einem ewigen, heiligen Plan.

Vita

Kerstin Weise ist am 24.07.1964 in Hannover geboren. Sie ist verheiratet und lebt mit ihrem Mann in Hannover. Sie ist gelernte Wirtschaftsassistentin und hat sich beruflich sehr ausprobiert. So arbeitete sie u. a. als Sekretärin, 12 Jahre als selbständige Maklerin im Unternehmen ihres Mannes und ist seit 2016 bis heute als Empfangsassistentin in einem Wohnungsunternehmen tätig. Sie hat 3 Kinder geboren, von denen 2 sehr früh verstarben. Eine gescheiterte Ehe, weitere plötzliche Verluste von Angehörigen, eine toxische Beziehung und auch Krankheiten haben sie emotional dahin geführt, über die Sinnfragen im Leben nachzudenken. Sie hat über Meditationen bis hin zu medialen Coachings sehr viel über sich und ihre Kindheit (verletztes inneres Kind) gelernt. Heute ist sie eine Frau, die gerne anderen Menschen Mut machen möchte, ihr Leben in die Hand zu nehmen, die Impulse geben will, dass man bei allem, was einem im Leben widerfährt und sei es noch so heftig, daraus gestärkt und befreit herausgehen kann. Sie hat nach dem plötzlichen Tod ihres Stiefsohnes angefangen, ihre Geschichte und ihre Erfahrungen und Erkenntnisse aufzuschreiben, was ihr als eine Art »Therapie« gutgetan hat und wodurch dann der innere Impuls kam, dass das auch andere Menschen interessieren würde, die in solchen Situationen sind. Sie sieht sich als eine Art »Mutmacher«, der andere Menschen gern inspirieren möchte. Nach all den Höhen und Tiefen in ihrem Leben ist sie heute ein ausgeglichener, zufriedener Mensch, der nie aufhören wird, sich weiterzuentwickeln und zu lernen. Gerne auch in Gesprächen mit anderen Menschen.